DELIUS KLASING

ARVED FUCHS
PETER SANDMEYER

NORDATLANTIK

Eine Entdeckungsfahrt

Fotos: Torsten Heller

Delius Klasing Verlag

Von Arved Fuchs sind darüber hinaus folgende Titel
im Delius Klasing Verlag erschienen:
Im Faltboot um Kap Hoorn
Von Pol zu Pol
Abenteuer Russische Arktis
Wettlauf mit dem Eis
Abenteuer zwischen Tropen und ewigem Eis
Im Schatten des Pols
Kälter als Eis
Grenzen sprengen
Nordwestpassage
Die Spur der weißen Wölfe
Der Weg in die weiße Welt
South Nahanni
Kein Weg ist zu weit
Blickpunkt Klimawandel

Bibliografische Information der Deutschen Nationalbibliothek
Die Deutsche Nationalbibliothek verzeichnet diese Publikation
in der Deutschen Nationalbibliografie; detaillierte bibliografische
Daten sind im Internet über http://dnb.d-nb.de abrufbar.

1. Auflage
ISBN 978-3-7688-3252-6

Bildnachweis: Alle Fotos von Torsten Heller, bis auf S. 8/9, 10 o, 11, 19, 115, 124/125: Peter Fleischer; S. 14: Dirk Notz; S. 18, 20/21: Raimer Fuhlendorf; S. 40: © by NSARM - Nova Scotia Archives and Records management (Bluenose 1921: W.R. MacAskill NSARM 20040026; Lunenburg Harbour (1): NSARM Photo Collection negative no N-205,N8483); S. 96/97, 167 o, Klappe hinten u: Peter Sandmeyer; S. 150: © School of Scottish Studies. Licensor: www.scran.ac.uk; S. 176 Porträt Heller: Rolf-Dieter Fröhling; S. 6/7, 10 u, 12, 13, 17, 24/25, 38, 39 l, 42, 48 o, 54/55, 151, 176 Porträt Ellerbrock, Fleischer, Klappe hinten o: Archiv Arved Fuchs.

Der Verlag dankt allen Personen für die Erteilung der Abdruckgenehmigungen. Leider ist es jedoch trotz intensiver Recherche nicht möglich gewesen, sämtliche Rechteinhaber ausfindig zu machen. Berechtigte Forderungen gehen nicht zu Lasten der Autoren, sondern sind bitte an den Delius Klasing Verlag zu richten.

Lektorat: Birgit Radebold
Layout: Gabriele Engel
Schutzumschlaggestaltung: Buchholz / Hinsch / Hensinger, Hamburg
Lithografie: scanlitho. teams, Bielefeld
Druck und Bucheinband: Kunst- und Werbedruck, Bad Oeynhausen
Printed in Germany 2011

Delius Klasing Verlag, Siekerwall 21, D - 33602 Bielefeld
Tel.: 0521 / 559-0, Fax: 0521 / 559-115
E-Mail: info@delius-klasing.de
www.delius-klasing.de

Inhalt

Grönland

◂ Die Dagmar Aaen passiert einen Eisberg an der grönländischen Westküste. Der »Berg« besteht aus zwei gigantischen Klötzen, die durch eine Eiszunge miteinander verbunden sind. Das Schiff, das von der Wasserlinie bis zum Wimpel 24 Meter misst, wirkt wie ein Spielzeug.

▸ Typisch für die Küste Grönlands: Der Klüverbaum der Dagmar Aaen ragt über Eisschollen und weist in gefrierenden Nebel. Schlechte Sicht erschwert die Navigation.

Prolog

Wie schwarzes Glas liegt die Meeresoberfläche des Sundes vor uns. Es ist, als schwebe unser Schlauchboot über die Oberfläche. Das Boot gleitet, als hätte es gar keinen Kontakt zum Wasser – völlig losgelöst.
Nur das Brummen des Außenborders und die zu beiden Seiten symmetrisch abklappende Hecksee zerstören diese Illusion. Wir sind schnell unterwegs, der Fahrtwind weht uns ins Gesicht, ansonsten ist es windstill. In weiten Bögen zirkeln wir das Boot an Eisbergen vorbei, die wie mittelalterliche Trutzburgen im Wasser treiben. Vögel stieben auf, und die Sonne zeichnet weiche Pastellfarben auf die steilen Klippen der Insel Upernavik. Wir queren den Sund und nähern uns der Insel Langö. Hinter einem Felsvorsprung öffnet sich eine verwinkelte Bucht, darin liegt als winzig kleiner roter Punkt unser Schiff, die Dagmar Aaen. Seit acht Monaten überwintert sie nun schon hier, bewacht von einer dreiköpfigen Mannschaft.
Die Landschaft wirkt jetzt, Ende Mai, freundlich und aufgeräumt – so als hätte sich die Natur überlegt, dass ein Neuanfang vonnöten sei. Vor einigen Monaten sah es hier noch ganz anders aus. Ende September schien hier die Welt unterzugehen. Schneetreiben, heftige Stürme und das schwindende Tageslicht ließen den Eindruck entstehen, als wäre das Ende aller Tage angebrochen. Eine schwer zu ertragende Situation. Das Schiff hat zwar schon öfter einen polaren Winter eingefroren im Eis verbracht – aber deshalb von Routine zu sprechen wäre völlig unangebracht. Jede Überwinterung ist anders, stellt neue Anforderungen an Mensch und Material. Die Bucht, in der die Dagmar Aaen den Winter verbringen sollte, bietet Schutz vor Eisbergen – nicht aber vor den heftigen Herbst- und Winterstürmen. Wie eine Spinne in ihrem Netz liegt das Schiff da, eingewoben in zahllose Festmachertrossen, die zu beiden Seiten der Bucht an Land ausgebracht sind – zusätzlich zu den drei Ankern mit jeweils 100 Metern Kette bzw. Trosse. Das mag auf den ersten Blick ein wenig überzogen scheinen, aber nur für denjenigen, der noch niemals die Wut der Stürme dieser Region erlebt hat. So heftig waren die Fallwinde von den nahe gelegenen Bergmassiven, dass trotz dieser Maßnahmen die Überwinterungscrew zeitweilig die Maschine zur Sicherheit im Leerlauf mitlaufen ließ, aus Sorge, die Trossen könnten brechen.

Während des polaren Winters lag die Landschaft wie unter Watte, von einer dicken Schneedecke verborgen. Heftige Winterstürme rissen an den Trossen des Schiffes und ließen das Eis in der Bucht stöhnen und knacken. Die Dunkelheit, die Kälte und die Abgeschiedenheit diktierten den Tagesablauf. Ein Winter in Grönland ist auch im Zeitalter moderner Technik eine echte Herausforderung. Die Technik mag einiges erleichtern, aber letztendlich ist es der Mensch, der die brutalen Lebensumstände verkraften muss, auch mental. Der Umgang mit Dunkelheit und Kälte, mit der Abgeschiedenheit und der Sorge bei Stürmen ist nichts für schwache Nerven. Der Mensch ist häufig das schwächste Glied in der Kette. Aber all das hat jetzt ein Ende. Es ist Frühlingserwachen in Grönland, eine Art Neubeginn. Schiff und Besatzung haben die Prüfungen des Polarwinters bestanden.

▸ Brent Body, Crewmitglied der DAGMAR AAEN aus Kanada, bringt Ausrüstungsteile und Kartons mit Proviant vom Hafen zum Schiff.

▸▸ Die Bucht von Ilulissat bildet einen Naturhafen und bietet der bunten Flotille von einheimischen Fischerei- und Transportfahrzeugen sicheren Schutz vor Stürmen und Eisgang.

▾ Klar Schiff nach langer Winterpause: Ulrich Weih ordnet Festmachertrossen und Ankergeschirr.

Im Juni 2009 war die DAGMAR AAEN von Hamburg aus zu dieser Expedition aufgebrochen. Hoch im Norden, dort wo Grönland und Kanada nur durch den engen Smith Sound voneinander getrennt sind, waren wir den Spuren einer historischen Expedition gefolgt. So weit nach Norden gelangen nur selten Schiffe, und meist sind es dann Forschungsschiffe oder die Eisbrecher der Coast Guard. Mit der DAGMAR AAEN können wir kein Eis brechen, wir müssen uns wie die historischen Polarexpeditionen einen Weg, eine Schneise, durch die Packeisfelder suchen. Wehe dem Schiff, das von den mächtigen, meterdicken Eisschollen in die Zange genommen wird. Die Liste der Berichte von zerborstenen Rümpfen und splitternden Planken ist umfangreich und mahnt zur Vorsicht. Dichte Packeisfelder, die mit der Strömung direkt vom Nordpol nach Süden treiben, hatten uns zu einem schwierigen, bisweilen gefährlichen Zickzackkurs gezwungen. Während wir uns mühselig einen Weg durch die Eisfelder des Smith Sounds bahnten, zeichneten sich die Umrisse einer Insel ab, die trostloser nicht sein konnte: Pim Island. Graubraune Geröllhalden, vom Eis glatt geschliffene Felsplatten, Muren, die polternd und staubend die Berghänge herabstürzten – nichts, was von Leben zeugte, nichts, was zum Verweilen einladen würde. Ich habe schon viele einsame und abweisende Landschaften gesehen, aber so abschreckend wie diese war bislang kein Ort. Und doch war genau diese Insel unser Ziel, der Grund für eine monatelange Segelreise.

Auf Pim Island, am Kap Sabine, liegen die Überreste des letzten Lagers der sogenannten Lady Franklin Bay Expedition. Inoffiziell wurde sie auch nach ihrem Leiter Leutnant Adolphus Greely als Greely-Expedition bekannt. Selbst für die an Dramen wahrlich reiche Polargeschichte stellt die Greely-Expedition einen Sonderfall dar.
Es ist das Jahr 1881. Mit der Forderung »nations should put aside their unprofitable competition«, rief der deutschstämmige Carl Weyprecht die Nationen dazu auf, den prestigeträchtigen, aber aus wissenschaftlicher Sicht unbedeutenden Wettlauf zum Pol einzustellen und sich vielmehr gemeinsam der wissenschaftlichen Forschung zu widmen. Das Erste Internationale Polarjahr war geboren. 700 Forscher aus elf Nationen waren beteiligt, darunter – wenn anfangs auch zögerlich – die USA. Zum ersten Mal in der Geschichte wurden um den Nordpol herum Forschungsstationen errichtet, die mindestens ein Jahr lang synchron Daten sammeln sollten.
Die amerikanische Regierung übertrug die Planung und Leitung der geplanten Expedition dem Militär; Leiter der Expedition wurde Leutnant Adolphus Greely. Unter seiner Führung

brach die Expedition 1881 in den Norden der Ellesmereinsel auf, um eine Station zu errichten und ganzjährig wissenschaftliche Daten zu erfassen. Das gelang zwar, aber das Packeis ließ alle Versuche, die Expeditionsmannschaft im darauf folgenden Jahr mit dem Schiff wieder abzuholen, scheitern. Und auch im folgenden Jahr gelang es nicht, zu der Station vorzudringen. Funkverbindungen gab es damals noch nicht – so machten sich die verzweifelten 26 Expeditionsteilnehmer schließlich 1883 mit kleinen Booten und zu Fuß auf den Weg nach Süden in der Hoffnung, auf ein Schiff zu treffen. Als sie schließlich entkräftet und frierend am Cape Sabine angelangten, hatten sie kaum noch Lebensmittel. Der polare Winter stand vor der Tür, die verbliebenen Nahrungsmittel waren schnell aufgebraucht. Damit begannen furchtbare Hungergräuel. Von den 26 Männern überlebten nur sechs. Die anderen verhungerten, erkranken oder erfroren beim verzweifelten Versuch, Nahrung zu beschaffen. Das Gespenst des Kannibalismus ging um. Als schließlich im Sommer 1884 eine Rettungsmannschaft die sterbenden, zerlumpten und verdreckten Überlebenden entdeckte, bot sich ihr ein Bild des Grauens. Unweit des Zeltes lagen verstreut Leichteile herum, von denen das Fleisch entfernt worden war – offenbar Nahrung für die anderen.
Diese Düsterheit vermittelt der Ort noch heute. Kein Platz, an dem man lange verweilen mag. Auch nach 128 Jahren waren die Spuren der Tragödie deutlich zu erkennen. Es ist fast so, als weigere sich die Insel, die Hinterlassenschaften zu tilgen. Sie wirkten in dieser öden Landschaft wie eine stumme Anklage. Der Permafrostboden drängt alles, was nicht hierher gehört, an die Oberfläche. Es ist, als würge er die Requisiten wie eine unverdauliche Nahrung wieder aus. Vorsichtig, um nichts zu zerstören, tasteten wir uns durch ein Trümmerfeld aus unzähligen verrosteten Konservendosen, Segeltuchresten, Holzfragmenten. In eine Senke, geduckt, die aus Felsbrocken errichteten Mauern der Überwinterungshütte. In ihrem Inneren wachsen auf der ansonsten nahezu vegetationslosen Insel grünes Moos, Gras und sogar Blumen. Die in dem Gemäuer zurückgelassenen Wolldecken, die verschlis-

▲ **Mitternacht in Grönland: Die Sonne sinkt im Juni nicht tiefer als bis zum Kamm des Küstengebirges.**

▶ **Ende der langen Polarnacht: Das erste Licht der wiederkehrenden Sonne im Februar taucht das Schiff in ein magisches Licht.**

senen Kleidungsstücke und Schlafsäcke dienen den Pflanzen als Humus. Man geht wie auf einem Teppich. Auch nach über 100 Jahren sind die Decken und Ausrüstungsgegenstände noch als solche erkennbar. Dazwischen ein Strumpf, Knöpfe. In einer Ecke der Hütte fanden sich die rostenden Kochutensilien. Darunter der einzige Topf, aus einer alten Konservendose gefertigt. Er ist viel zu klein für 26 Männer. Es war nie genug Nahrung vorhanden. Zum Schluss bestand sie aus Flechten und alten Lederresten ihrer Ausrüstung – sowie offenbar aus dem Fleisch ihrer verstorbenen Kameraden.
Wir waren froh, als wir diesen furchtbaren Ort verlassen konnten und wieder die grönländische Küste erreichten. Um uns aufzuheitern, besuchten wir die alte, nur zeitweilig bewohnte Siedlung Etah und die nördlichste, heute dauerhaft bewohnte Siedlung der Welt Siorapaluk. Die Begegnung mit den Grönländern und die atemberaubende Naturkulisse ließen das düstere Cape Sabine langsam verblassen. Der weitere Reiseverlauf führte uns durch die verwinkelten Fjordsysteme Nordwestgrönlands bis hin nach Upernavik, wo das Schiff schließlich überwintern sollte.

Der Ort war nicht zufällig gewählt. Wissenschaftler vom Max-Planck-Institut für Meteorologie in Hamburg wollten die Dagmar Aaen als Basis für eine Langzeitstudie über die Entwicklung des Meereises nutzen. Das sich neu bildende Meereis birgt für die Wissenschaftler immer noch einige unverstandene physikalische Eigenschaften, die während dieses Winters Gegenstand zahlreicher Forschungsaufgaben waren. Aufgrund der Klimaveränderung, die im arktischen Raum ganz besonders deutlich zu spüren ist, wird dem neu gebildeten Meereis ein besonderes Augenmerk zuteil. Die Basis für die Forschungen sollte möglichst dicht am offenen Meer liegen, aber auch nicht zu dicht an einer Siedlung mit ihren Störfaktoren. Gleichzeitig musste der Überwinterungsplatz ausreichenden Schutz für Schiff und Besat-

zung sowie die im Eis verankerten Messeinrichtungen bieten. Nach langer Recherche fiel unsere Wahl daher auf die kleine Bucht auf der Insel Langö, die alle Kriterien erfüllte. Sie liegt zwar in Sichtweite der Insel Upernavik, ist aber weit genug von ihr entfernt, um Messverfälschungen durch die Ortschaft zu vermeiden.

Während der Überwinterung waren die Wissenschaftler unter der Leitung von Dirk Notz in gewissen Abständen immer wieder an Bord, um dort die Untersuchungen zu leiten. Während ihrer Abwesenheit wurden die Messdaten von der Überwinterungsmannschaft mit Rechnern ausgelesen und abgespeichert. Das Projekt war für die Wissenschaftler ein voller Erfolg. Mit dem Ende des Winters im Mai wurden die Messeinrichtungen abgebaut und verpackt. Etwa zur gleichen Zeit wurden die drei an Bord durch eine Vorhut der neuen Crew abgelöst. Die Sonne stand bereits wieder 24 Stunden am Himmel, alle Luken und Niedergänge des Schiffes wurden geöffnet, Schotten abgeseift und Kojen gelüftet. Innen wurde der Muff der dunklen Wintertage gründlich ausgetrieben, außen setzte frische Farbe neue Akzente. Mit dem ersten Versorgungsschiff, das Upernavik anlief, hatten wir einige Paletten an Ausrüstung und Proviant geschickt.

Am 1. Juni ist endlich alles fertig. Zwei Tage später beginnen wir mit der mühsamen Aufgabe, die Landverbindungen zu lösen und die Anker zu hieven. Nach fünf Stunden Arbeit ist die Dagmar Aaen wieder frei. Langsam fahren wir aus der Bucht hinaus Richtung Upernavik, um als eine der letzten Maßnahmen die Brennstofftanks zu füllen – und Abschied zu nehmen von den freundlichen und hilfsbereiten Menschen im Ort. Ein letzter Blick zurück auf den Winterhafen, der in der Schiffschronik und in unser aller Erinnerung immer einen wichtigen Wegpunkt darstellen wird. Dann runden wir die Felsnase, die den Blick auf die Bucht versperrt. Wir richten unseren Blick nach vorn. Der Grönlandwinter liegt hinter uns – vor uns der Sommer. Wir gehen auf Südkurs und schlagen ein neues Kapitel auf.

Forschung

Während der Überwinterung der Dagmar Aaen unweit der kleinen grönländischen Siedlung Upernavik nutzten die Wissenschaftler Iris Ehlert, René Fontes und Dirk Notz vom Hamburger Max-Planck-Institut für Meteorologie das Schiff als Arbeitsplattform, um von dort aus Meereisforschung zu betreiben.

Aufgrund der globalen Erwärmung wird in Zukunft das mehrjährige Meereis – darunter versteht man altes, besonders dickes und widerstandsfähiges Eis – langsam verschwinden. Stattdessen wird sich jedes Jahr überwiegend junges und damit auch salzhaltigeres, dünnes Meereis ausbreiten.

Heutige Klimamodelle können ebendiese Entwicklung der Ausdehnung, der Dicke und des Salzgehaltes jungen Meereises noch nicht genau vorhersagen, weil entscheidende physikalische Eigenschaften noch nicht verstanden sind. Ziel der Untersuchung sollte folglich eine Verbesserung künftiger Modellrechnungen sein.

Die Expedition Nordpoldämmerung von Arved Fuchs ermöglichte uns das Erforschen von neu entstandenem Meereis über den Zeitraum eines kompletten Winterzyklus unter besonders günstigen Bedingungen.

Die Messbedingungen waren besser, als wir es erwartet hatten. So stellte sich zum Beispiel heraus, dass die Bucht, in welcher die Dagmar Aaen überwinterte, im Prinzip strömungsfrei war. Auch hatten wir anfangs die Befürchtung, dass das von den Gletschern der näheren Umgebung abgestoßene und in der Folge nahe der Bucht auf dem Wasser treibende Gletschereis unsere Messungen erschweren würde. Gletschereis unterscheidet sich von Meereis im Wesentlichen darin, dass es gefrorenes Süßwasser ist. Wäre es in die Bucht getrieben worden, so hätte das Eis, das sich dort gebildet hätte, nicht mehr viel mit Meereis gemeinsam gehabt. Die hohen Strömungsgeschwindigkeiten außerhalb der Bucht ließen das Gletschereis jedoch an der Bucht vorbeitreiben. Zusätzlich hielten die Trossen, mit denen die Dagmar Aaen am Land fest vertäut war, das Gletschereis von der Bucht fern.

Sieht man von den gelegentlich aufgetretenen starken ark-

tischen Stürmen ab, von denen zum Beispiel der Orkan in der Silvesternacht 2009/2010 einem unserer Windsensoren den Garaus machte, waren die Arbeitsbedingungen ideal. Wir befanden uns im Prinzip in einem Arktis-Freiluftlabor.

Im November 2009 fuhren wir zum ersten Mal nach Upernavik. Um die mit der Entstehung, dem Wachstum und dem Schmelzen von einjährigem Meereis verbundenen Auswirkungen sowohl auf den Ozean als auch auf die Atmosphäre untersuchen zu können, mussten wir unsere wissenschaftlichen Geräte ausbringen, noch bevor die Meereisbildung einsetzte. Als wir bei der DAGMAR AAEN ankamen, schien es hierfür beinahe schon zu spät zu sein; treibende Eisschollen erschwerten den Zugang zum Schiff. Wie unglaublich schnell sich die Wetterbedingungen in der Arktis jedoch ändern können, haben wir während dieser Expedition mehrmals erfahren dürfen.

Bis zum Februar 2010 war es in Upernavik zumeist wärmer als in Hamburg. Dies führte dazu, dass die Meereisbildung erst sehr viel später als gewöhnlich einsetzte. Das Eis war außerdem ungewöhnlich dünn. Dieser Umstand machte uns wiederum bei unserem zweiten Besuch auf der DAGMAR AAEN im März zu schaffen, als es darum ging, zum Schiff zu kommen. Das Eis war teilweise nur 10 cm dünn, als wir uns samt unserem Gepäck mit einem Schneemobil über das Eis zur DAGMAR AAEN – unserer schwimmenden Basis – bringen ließen. In der Bucht selbst aber fanden wir sehr gute Bedingungen vor, um verschiedene Experimente durchzuführen. So sägten wir zum Beispiel mehrere 1,2 x 1,2 m große Löcher in das 30 cm dicke Eis, um zu messen, wie schnell sich das Eis bei den gegebenen Wetterbedingungen bilden würde und wie viel Salz in den unterschiedlich dicken Eisschichten enthalten ist.

Erstaunlich war für uns die Temperatur des Ozeans. Normalerweise ist es so, dass Meerwasser erst gefrieren kann, wenn die gesamte Wassersäule darunter gleichmäßig durchmischt ist und eine Temperatur nahe dem Gefrierpunkt hat. Wir jedoch haben Temperaturen gemessen, die weit oberhalb des Gefrierpunktes lagen. Dennoch bildete sich Eis. Dies ist eine interessante Beobachtung angesichts der Tatsache, dass die Temperaturen in der Arktis infolge der Klimaerwärmung ansteigen.

Neben den wissenschaftlichen Erkenntnissen nahmen wir aber auch noch sehr persönliche Erfahrungen mit nach Hause. Am Tag unserer geplanten Abreise standen wir in dem kleinen Flughafengebäude von Upernavik und schauten in einen immer stärker werdenden Schneesturm hinaus. Alle Flüge wurden für diesen Tag gestrichen. Das Wetter in der Arktis ändert sich unglaublich schnell. Wie leicht kann man als Mensch in dieser Umgebung scheitern – trotz aller Technik. Auf jede Eventualität muss man vorbereitet sein, das hatten wir bei unserer Arbeit immer wieder erfahren müssen. Selbstkritisch betrachtet, waren wir das in vielerlei Hinsicht nicht. Umso beruhigender war es, während der Arbeit die DAGMAR AAEN stets in der Nähe zu wissen.

Brief von Peter Fleischer an seine Eltern:

Ihr Lieben,
mein Abflug von Ilulissat nach Upernavik wurde wegen Schneefall und Schneesturm immer wieder verschoben. Statt morgens bin ich dann nachmittags losgekommen, vor mir im Flugzeug 3000 frische Eier, mit mir sieben Passagiere. Als ich ankam, waren es –6 °C und Schneetreiben. Im Flughafengebäude gab es ein kurzes Gespräch mit denen, die auf dem Schiff überwintert hatten und jetzt nach Hause flogen. Dann sollte mich ein Eskimo mit seinem Boot zum Schiff bringen, aber der Seegang war zu stark. So blieb ich die Nacht im Ort, habe in einem Wohncontainer geschlafen, und der Sturm hat die ganze Nacht an ihm gerüttelt. Zum Glück war er mit Stahlseilen gesichert.
Am nächsten Morgen war es still, die Sonne schien, aber kalt war es immer noch. Der Grönländer hat mich dann zur »Dagmar« gebracht. Das Schiff lag fest im Eis. Ein paar Meter vor ihm haben wir festgemacht, ich konnte aufs Eis krabbeln und meine Sachen aufs Eis stellen. Dann war der Grönländer auch schon wieder weg. Endlich, ich bin zurück auf dem Schiff! Aber es sah nicht gut aus. Drei Dieselfässer standen an Deck, Öllachen, Unordnung, der Ofen verschmutzt, kaum Trinkwasser in den Tanks. Wenigstens sprang der Generator an, und ich konnte meine Koje aussaugen und mich einrichten. Dann habe ich mir den Ofen vorgenommen, zwei Stunden habe ich geschrubbt, bis ich ihn anheizen konnte, da betrug die Temperatur im Schiff nur noch 1 °C.
Dann bin ich mit unserem Schlauchboot los, um Brent Body abzuholen, der an diesem Tag ankam. Vier Meilen musste ich fahren bis zum Hafen, dabei immer wieder große Packeisschollen umfahren, und immer war es schwer einzuschätzen, wie weit ich um das Eisfeld herummusste und ob an der Außenkante ungemütliche Dünung läuft. Aber es hat alles gut geklappt, und ich konnte Brent abholen, guter Typ, zehn Jahre älter als ich, aber gleicher Humor, gleicher Musikgeschmack, gleiche Essensvorlieben.
Auf uns wartete viel Arbeit. Nachdem wir das Mittschiff wieder klar hatten (2 Tage), kümmerten wir uns um den Rumpf. Vom Eis aus haben wir bei –1 °C lose Farbe abgekratzt, geschliffen, sogar gemalt. Zwischendurch wurde Brot gebacken und gekocht, das normale Leben also. Permanent haben wir Schnee und Eis getaut, um Trinkwasser zu bekommen. Plötzlich bekamen wir Besuch. Fünf Dänen aus dem Ort, darunter die Krankenschwestern, wollten uns kennenlernen. Das war ein sehr guter Kontakt. Sie haben uns dann immer angerufen und über die Wetterentwicklung informiert, später haben sie uns zum Essen eingeladen, und wir konnten duschen und unsere Klamotten waschen. Enorm wichtig, wenn man den ganzen Tag an Bord arbeitet.
Als dritter stieß dann Achim zu uns. Er hat sofort die Elektronik gewartet und uns dann beim Malen geholfen. Ich habe die Wasserpumpen repariert, die Maschine gewartet, Öl und Filter gewechselt und sie dann gestartet zum Probelauf – alles bestens.
Inzwischen ist auch unser Container aus Hamburg angekommen, und wir mussten knapp sechs Kubikmeter Ausrüstung und Proviant mit unserem kleinen Beiboot aus dem Hafen holen und so verstauen, dass man später alles wiederfindet.
Nach insgesamt drei Wochen war alles erledigt. Kurz bevor Arved anreiste, kam noch eine Kamerafrau an Bord. Sie dreht für den Fernsehsender arte unseren Ausbruch aus dem Eis und wollte, dass vieles, was wir schon erledigt hatten, wiederholt wird, sogar das Anstoßen, als alle Leinen endlich los waren; das war auch gut so: zweimal Rum!
Arved, von dem ich schön grüßen soll, hat noch den Rumpf abgetaucht und dabei eine Kaffeetasse vom Grund hochgebracht. Ich kann mich jetzt zurücklehnen, freuen und locker auf die kommenden 7000 Seemeilen blicken.
Euer Peter

▸ Acht Monate hat die Dagmar Aaen gesichert von drei Ankern und zahlreichen Landtrossen in einer geschützten Bucht bei Upernavik überwintert. Jetzt bringt die Maisonne Eis und Schnee rasch zum Schmelzen.

Neufundland / L'Anse aux Meadows

▲ Wie zur Zeit Leif Erikssons: Ein Nachbau aus Grassoden zeigt, wie die ersten Europäer in Amerika gewohnt haben.

▶ Offenes Feuer bildete die Kochstelle und sorgte in den niedrigen, mit Holz ausgekleideten Häusern für Wärme.

▶▶ Grünes Langhaus in grünem Land. Die Nordmänner fanden an der Nordostspitze Neufundlands günstige Siedlungsbedingungen, vor allem aber Holz, das für den Bootsbau und die Eisengewinnung wichtig war.

»Living History« – Amerikaner und Kanadier lieben so was: Drei Langhäuser, voll ausgestattet mit Bettlagern, Suppentöpfen, Webstuhl und Schmiedefeuer, geflochtene Zäune, ein Drachenkopfschiff, dazwischen jede Menge Schautafeln und Animationsvideos sowie, mit langen Haaren und Zottelbärten, ein paar leibhaftige Hünen, die mit schweren Schwertern martialisch auf ihre Schilde schlagen – es ist gar nicht so leicht, sich in all dem Touristenzauber vorzustellen, dass von diesem Ort aus die Weltgeschichte einen anderen Verlauf hätte nehmen können.

1961 wurde in L'Anse aux Meadows am nördlichen Zipfel Neufundlands eine tausend Jahre alte Siedlung entdeckt, in der unter anderem »Raseneisen« gefunden wurde, ein minderwertiges Eisen, das aus Sedimentgestein gewonnen wurde und das weder Indianer noch Inuit kannten. Genauere Untersuchungen ergaben dann, dass es sich bei den ursprünglich elf Häusern um eine Siedlung von Wikingern handelte – die einzige sicher nachgewiesene in Nordamerika. Nachgewiesen war damit zugleich, dass die alte Grönländersaga und die Saga von Erik dem Roten, die man sich in den langen skandinavischen Wintern seit Jahrhunderten erzählte, keine bloßen Märchen waren, sondern einen historischen Kern besaßen. In beiden Geschichten nämlich wird von einem Land jenseits von Grönland erzählt, einem legendären Vinland, und der Siedlung Leifsbudir, die von Wikingern dort gegründet worden sei. Leifsbudir und L'Anse aux Meadows, da sind sich die Forscher heute sehr sicher, sind identisch.

Gekommen waren die ersten Europäer auf amerikanischem Boden aus der gleichen Richtung wie wir. Sie waren in Grönland aufgebrochen, wo es zwei große Wikingersiedlungen mit insgesamt 5000 Einwohnern gab; sicherlich nicht auf einem der schlanken, schnellen Drachenboote, die auch gerudert werden konnten und von den Nordmännern für ihre gefürchteten Überraschungsangriffe benutzt wurden, die aber für den rauen Seegang des Atlantiks ungeeignet waren, sondern auf einer Knorr, dem Lastesel der Wikinger, kürzer und langsamer als das Langschiff, dafür breiter, hochbordiger und robuster. Rund 20 Meter lang waren diese Frachtsegler, sechs Meter breit, 15 bis 30 Mann bildeten die übliche Besatzung. Sie waren, so sagen es die Sagas, die grönländische Westküste hinaufgesegelt, dann nach Westen abgebogen, waren nach knapp 300 Meilen offener See auf die abweisende, eisige Felsküste von Baffin Island gestoßen und dann, der Strömung und dem Instinkt folgend, nach Süden gefahren, entlang der Küste von Labrador.

An der Nordspitze von Neufundland trafen sie erstmals auf menschenfreundliche Verhältnisse: Wald und Wild, Flüsse und Seen, Lachse und Forellen und ein mildes Klima. Vor allem Holz gab es im Überfluss, Holz, das knapp war auf Grönland, das aber dringend gebraucht wurde, nicht nur für den Haus- und Bootsbau, sondern vor allem für die Gewinnung von Holzkohle, mit der Erz geschmolzen und Eisen gewonnen wurde.

Den Männern unter ihrem Anführer Leif Eriksson fehlte es an nichts in Leifsbudir, und es ist keine abwegige historische Fantasie, sich auszumalen, wie die Geschichte hätte weitergehen können: Nachdem sie ihren Brückenkopf auf Neufundland ausgebaut und das Umland erkundet haben, kehren einige nach Grönland zurück und verbreiten die Kunde von der neuen Kolonie; Schiffe werden ausgerüstet, beladen mit Werkzeug, Waffen, Frauen, Kindern, Schafen und Kühen; sie brechen auf nach Neufundland, so wie sie früher von Island nach Grönland aufgebrochen sind und davor von Norwegen nach Island; die Siedlung in Leifsbudir wächst, Tochtersiedlungen entstehen, das Land weiter südlich wird erkundet und nach und nach besiedelt – Nordisch, nicht Englisch wäre heute die Sprache der Neuen Welt, und der Name Christoph Kolumbus wäre unbekannt geblieben.

Warum kam es nicht so? Weil es in dieser Neuen Welt schon andere gab, die Ureinwohner Neufundlands, Skrälinger nannten die Neuankömmlinge sie, ob Indianer oder Inuit, weiß man bis heute nicht. Die Wikinger, Söhne einer ebenso gemeinschaftsbewussten wie gewalttätigen Gesellschaft, verstanden es nicht, sie sich zu Freunden zu machen. Gleich von der ersten neunköpfigen Gruppe Skrälinger, die ihnen begegnete, brachten sie acht um. Das war der Auftakt eines anhaltenden Kleinkrieges, in dem das Grüppchen Nordmän-

▲ Eine Metallskulptur vor dem Ausgrabungsgelände von L'Anse aux Meadows symbolisiert den ersten Landfall der Wikinger in der Neuen Welt.

▲▶ Die Siedlung der ersten europäischen Kolonisten war so angelegt, dass sie freien Zugang zum Meer bot und gleichzeitig Schutz vor möglichen Angriffen der feindseligen Ureinwohner.

▶ Die Bucht von L'Anse aux Meadows bietet durch vorgelagerte Inseln auch heute noch ruhigen Ankergrund.

▶▶ Als würde sie schweben: Eine Nebelbank vor Neufundland lässt die DAGMAR AAEN wie den Fliegenden Holländer wirken.

ner trotz ihrer Schwerter, Schilde und Helme den Äxten und Pfeilen der zahlenmäßig weit überlegenen Ursprungsbevölkerung unterlegen war. Bei den Ausgrabungen in L'Anse aux Meadows wurde kein einziger Wertgegenstand gefunden; das Lager wurde, offenbar schon nach wenigen Jahren, aufgegeben und planmäßig geräumt. Die Neue Welt blieb für Europa eine Episode, die wieder vergessen wurde, die Wikinger zogen sich nach Grönland zurück. Aber auch ihre dortigen Siedlungen waren nach mehr als 400 Jahren Siedlungsgeschichte schließlich am Ende. Den Grund sieht der amerikanische Evolutionsbiologe Jared Diamond, der an etlichen Beispielen detailliert untersucht hat, wie es zum Kollaps untergegangener Gesellschaften gekommen ist, zum einen in Klimaschwankungen; schon ein paar kältere Sommer gefährdeten die wirtschaftlichen Grundlagen und das Überleben der Siedler auf Grönland: Der Bestand der wilden Rentiere, die sie jagten, wurde dann dezimiert, es konnte nicht genug Heu für die Versorgung des Viehs im Winter eingebracht werden und das Eis verschwand nicht von den Fjorden, sodass die Jagd auf Robben nicht möglich war. Wichtiger ist aber ein zweiter Grund. Die zu starre Tradition, die Zentriertheit auf die eigene Gruppe und die Überheblichkeit gegenüber allem Fremden hinderten die Wikinger daran, von den Inuit auf Grönland Lebensweisen und Techniken zu erlernen, mit denen diese allen Klimaschwankungen und Widrigkeiten der arktischen Natur erfolgreich trotzten. Kein Wikinger lernte es, Kajaks zu bauen, mit ihnen – auch bei Eislage – Wale und Robben zu jagen und deren Rohstoffe umfassend zu nutzen. Nahrung aus dem Meer blieb für die skandinavischen Bauern eher verdächtig, sie beharrten auf ihrer traditionellen Lebensweise und herkömmlichen Landwirtschaft mit Kühen und Schafen. Damit entzogen sie sich aber langfristig die eigene Lebensgrundlage. Der kümmerliche Baumbestand wurde rigoros abgeholzt, karge Grasflächen durch das Ausstechen der Soden für den Hausbau oder durch Überweidung der Erosion preisgegeben. Nachhaltigkeit sieht anders aus. »Kurz gesagt, betrieben die Wikinger unabsichtlich Raubbau mit den ökologischen Ressourcen, auf die sie angewiesen waren«, schreibt Jared Diamond. »Sie fällten Bäume, stachen Rasen, ließen die Überweidung zu und verursachten Bodenerosion.« Das Ende der Wikingerkolonien auf Vinland und Grönland wird gern als rätselhaft bezeichnet. Aber es ist nichts weiter als die lehrreiche Folge eines Lebens in andauerndem Unfrieden mit anderen Menschen und mit der Natur.

La Tabatière / Begegnung mit einer alten Freundin

Meine allererste Expedition habe ich zusammen mit zwei Freunden im Jahre 1977 unternommen. Ich war damals 24 Jahre alt, hatte zwar schon zahlreiche anspruchsvolle Wildnistouren hinter mir, aber das, was wir uns damals vorgenommen hatten, überschritt bei Weitem unseren Erfahrungshorizont. Das Ziel: eine 700 Kilometer lange Befahrung der Flüsse De Pas und George River im Norden der kanadischen Provinz Québec, die so unwegsam und abgelegen waren, dass es kaum gesicherte Informationen oder topografische Karten über sie gab. Der Plan klang aufregend und verlockend. Er schmeckte so sehr nach Jack London und nach Abenteuer, dass ich ganz kribbelig vor Aufregung war. Die beiden Flüsse führen wie ein Highway durch die menschenleere kanadische Wildnis – irgendeine Art von Infrastruktur oder gar Straßen? Fehlanzeige.
Handy oder GPS-Geräte vermissten wir nicht – sie waren damals überhaupt noch nicht erfunden. Funkgeräte konnten wir uns nicht leisten – und mit wem hätten wir auch funken sollen? Auch der Outdoorboom hatte damals noch nicht eingesetzt. Ausrüstung kauften wir in einem Second-Hand-Laden für ausgemusterte Army-Bekleidung. Der sogenannte Israelische Schlafsack wurde uns als besonders gut angepriesen. Er war für unser mageres Budget erschwinglich, und etwas Besseres gab es ohnehin nicht – zumindest nicht in Hamburg. Außerdem hielten wir uns für ungemein zäh. Frieren? Dann würden wir uns eben mehr bewegen müssen. Wir hielten uns für hart, ausdauernd und jeder Wettersituation gewachsen. Ein Zelt fehlte daher ebenso wie Kocher und Kochutensilien. Es gab doch schließlich Bäume und Sträucher, aus denen wir uns bei Bedarf einen Unterstand bauen würden. Kochen würden wir natürlich wie Lederstrumpf auf dem offenen Feuer. Und um die ganze Angelegenheit in unseren Augen konsequent und »rund« zu machen, verzichteten wir gleich auch noch auf die Mitnahme von Nahrungsmitteln. Mit einigen wenigen Ausnahmen: Ein Sack Mehl war dabei, einige Krankenhauspackungen eines Präparates namens Bionorm für Magersüchtige sowie getrocknete Erbsen. Dafür führten wir eine Schrotflinte sowie eine Angel mit, haufenweise Streichhölzer und Feuerzeuge sowie diverse Rollen an Alufolie, um darin Fisch zu garen oder daraus Töpfe zu formen. Regenzeug in dem notorisch verregneten Québec? Fehlanzeige. Stattdessen gebrauchte Bundeswehrjacken aus ehrwürdiger Baumwolle. Unsere Kanus waren von Naskapi-Indianern aus Holz und Leinwand gefertigt – und natürlich schon jahrelang im Einsatz gewesen. Frische Ölfarbe half, sie einigermaßen abzudichten. Die einzig verfügbare Landkarte war eine Fliegerkarte im Maßstab 1 : 500 000 – nicht gerade der geeignete Maßstab für die Befahrung zweier 700 Kilometer langen Wildwasserflüsse. Aber das alles schreckte uns nicht. Wir wollten von und mit der Natur leben, es war der pure Minimalismus, den wir anstrebten – und das in einer Landschaft, der es ziemlich gleichgültig war, ob wir überlebten oder nicht.
Allerdings hatten mich in den langen Monaten der Vorbereitung bisweilen doch Selbstzweifel beschlichen. War das Projekt nicht vielleicht doch eine Nummer zu groß für uns? Ich

◂ **Auch bei blauem Himmel und ruhiger See sorgt die Brandung zwischen den Klippen für schäumende Gischt.**

▸ **Zwischen Neufundland und der Küste von Québec. Die Dagmar Aaen quert die Strait of Belle Isle.**

beschloss, mir Rat einzuholen von jemandem, der es besser wissen musste. Es gab damals nicht viele Wildnisexperten – zumindest nicht in Deutschland. Aber einer von ihnen war Elmar Engel. Er war Jahre zuvor mit seiner Frau Brigitte nach Kanada ausgewandert und durchstreifte seitdem gemeinsam mit ihr in Kanus oder Kajaks die kanadische Wildnis. Über ihre Touren schrieben sie wunderbare Bücher, die ich mit Begeisterung verschlang. »Der oder keiner«, sagte ich mir. Ich schrieb einen Brief, schilderte unser Vorhaben und bekam postwendend die Antwort, die ich am allerwenigsten erhofft hatte: Wir sollten lieber bleiben, wo wir waren – zu gefährlich sei die ganze Sache! Das half mir nicht wirklich weiter. Ich bohrte nach und bekam schließlich dringend notwendige Ratschläge, und auch wenn ich ansonsten in der damaligen Zeit ziemlich beratungsresistent war, nahm ich die Tipps von Elmar und Brigitte Engel zum Glück allesamt sehr ernst.

Wir ließen uns mit einem kleinen Wasserflugzeug von Schefferville aus zum Quellsee des De Pas einfliegen und starteten am nächsten Morgen. Zwölf Stunden später waren wir zweimal in Stromschnellen gekentert, hatten unsere gesamten Schokoladenvorräte verloren und trugen keinen trockenen Faden mehr am Körper. Aber Feuer machen konnten wir. Und Unterstände bauen, die zwar nur notdürftig Schutz vor Dauerregen und Moskitos boten – aber sie waren immerhin besser als gar kein Schutz. Wir angelten Forellen und Lachse, jagten Enten und Wildgänse, buken angebranntes Fladenbrot auf dem viel zu heißen Lagerfeuer, sammelten Pilze und Beeren und froren ansonsten erbärmlich. Aber Spaß brachte es erstaunlicherweise trotzdem. Trotz weiterer Kenterungen und einiger fundamental gefährlicher Situationen schafften wir die 700 Kilometer. Um einige Kilo leichter, mit von Moskitos zerstochenen Gesichtern und einer Art Lederhaut an den Händen trotzten wir Wind und Wetter. Spätestens nach diesem Erlebnis hatte ich zweierlei begriffen: erstens, dass diese Art zu leben und zu reisen meine Bestimmung war, und zweitens, dass ich mich in Zukunft besser würde vorbereiten müssen. Nach unserer Rückkehr berichtete ich einem spürbar

erleichterten Elmar Engel von der erfolgreichen Befahrung. Seit jenen Tagen hielten wir den Kontakt, und bei seinen gelegentlichen Deutschlandbesuchen sahen wir uns gelegentlich – wenn auch viel zu selten.
Elmar Engel ist 1991 leider gestorben. Seine Frau Brigitte ist in Kanada geblieben. Sie lebt heute in der Nähe der kleinen Siedlung La Tabatière in der Provinz Québec, wo sie mit Elmar zusammen ein Haus gebaut hat. Schon zu seinen Lebzeiten hatte ich mir vorgenommen, die beiden dort zu besuchen. Eingeladen hatten sie mich oft. Nun war Elmar nicht mehr da, aber Brigitte. »Wenn du es dieses Jahr nicht machst, bin ich wirklich beleidigt, dann kommst du sowieso nicht mehr«, hatte sie mir geschrieben. Das war der letzte erforderliche Anstoß. Komme, was da wolle, auch wenn es nicht direkt auf unserer Route lag, den – für kanadische Verhältnisse – kleinen Schlenker, würden wir machen.
Ich vermute, Brigitte Engel hat bis zum Schluss nicht so richtig daran geglaubt, dass ich mein Versprechen einlösen würde. Aber nun waren wir da. Ein paar bunte Häuser, einige Schären und Untiefen, Fischkutter, die an der Pier löschten, Fischkisten und muskelbepackte Hafenarbeiter, Wolken von Moskitos und Kriebelmücken, die sogenannten Black Flies, die noch gemeiner sind als Stechmücken – und zwischen all dem die einzige Frau, Brigitte Engel. Elmar hatte ich persönlich gekannt, Brigitte und ich hatten uns stets nur geschrieben, begegnet waren wir uns bislang nicht.
Da stand sie also, eine zierliche, schlanke Mittsechzigerin mit kurzen, blonden Haaren und strahlenden Augen, ihren Blick fest und ein wenig forschend auf die DAGMAR AAEN gerichtet. Brigitte und Elmar hatten selbst einige Jahre hindurch einen alten Holzkutter besessen, die KLEINE ZWIEBEL, mit der sie die Küstengewässer Neufundlands und Labradors erkundet hatten. Sorgen und Nöte – aber auch die Freuden eines Holzschiffbesitzers – sind ihr daher bestens vertraut. Ihr beider Leben hat sich immer irgendwie ums Wasser gedreht, sei es auf den langen Kanutouren oder auf den Reisen entlang der Küste. Die Begegnung mit den Menschen am Meer war immer Gegenstand ihrer Erzählungen.

▲ La Tabatière voraus! Der Leuchtturm der Landspitze weist den Weg über unruhiges Wasser.

Wir begrüßen uns auf der Pier, nehmen uns in den Arm, und ich staune, wie klein sie ist. Aber energiegeladen – das spüre ich sofort – und selbstbewusst. Das erste Zusammentreffen nach 33 Jahren. Irgendwie habe ich trotzdem das Gefühl, als würden wir uns schon viele Jahre kennen. Und so ist es ja auch – wenn auch nur aus Briefen oder Erzählungen.
In der kleinen Dorfkneipe – die einzige am Ort – lädt sie die gesamte Mannschaft zum Essen ein. Ganz offenbar genießt sie den Moment – und wir tun es auch. Es sind die Geschichten übers Meer, über Begegnungen mit Menschen, über spannende und bisweilen bedrohliche Erlebnisse auf See, die wir für sie mitgebracht haben. Längst sitzen wir bei ihr zu Hause in dem wenige Kilometer von La Tabatière entfernten Dorf Mutton Bay.
Das Innere ihres Hauses zeugt von einem bewegten Leben und von ihrer Liebe zur Natur. Wir sitzen zusammen, eingerahmt von Regalen mit all jenen Büchern, die Brigitte und Elmar gemeinsam geschrieben haben und die mir früher so viel bedeutet hatten. Daneben die Klassiker, die bei keinem kanadischen Wildnisreisenden fehlen dürfen: »Path of the Paddle« etwa oder die Bildbände von Fred Bruemmer, einem kanadischen Fotografen. Auch die gesammelten Werke des Kanadiers Farley Mowat, der wie kaum ein anderer Geschichten aus dem kanadischen Norden verfasst hat, befinden sich darunter. Es gibt Reisebeschreibungen aller Art, Regalwände voll. Bücher sagen sehr viel über einen Menschen aus, finde ich. Dazwischen immer wieder Fotos, die die beiden auf ihren Wildnistouren zeigen – Wegpunkte eines ereignisreichen Lebens.
Während wir miteinander reden, absolviert die Waschmaschine einen Waschgang nach dem anderen. Ob wir Schmutzwäsche haben, hatte Brigitte als Erstes gefragt. Und ob! Damit können Segler immer aufwarten. Jetzt rotiert die Wäsche in ihrer Maschine. Auf dem Tisch steht »Labatt bleue«-Dosenbier, wir sind in Québec, dem frankokanadischen Teil des Landes. In den zurückliegenden Jahrzehnten hatte es immer wieder Separationsbewegungen der Frankokanadier vom restlichen Kanada gegeben. Aber letztlich waren alle Referenden gescheitert. Das Land blieb, wie es war – zweisprachig, aber vereint. Brigitte lebt heute allein in einer Art Bungalow. Irgendwo im Wald hat sie noch ein traditionelles Blockhaus, das sie gelegentlich aufsucht. Aber ihr Stammsitz ist Mutton Bay geworden.
Die Aussicht aus dem Fenster ihres Hauses wirkt wie der Blick auf ein Gemälde. Es ist die nordische Idylle pur. Die Bucht mit den kleinen Booten, Berge, Wald, verstreute Häuser – Natur im Überfluss. Jeder kennt hier jeden, und jeder hilft hier jedem. Das mag, könnte man mutmaßen, bisweilen auch ein Nachteil sein, weil es kaum etwas gibt, was man vor den anderen verbergen kann. Aber will man das überhaupt? »Nein«, meint Brigitte, man muss sich aufeinander verlassen können, und diese Verlässlichkeit ist hier eine Selbstverständlichkeit. »Wir vertrauen uns. – Polizei gibt es hier nicht«, erzählt sie lachend. Infolgedessen haben die Autos nicht einmal Kfz-Kennzeichen. Viele Straßenkilometer gibt es ohnehin nicht. Und im Winter sind die wenigen Straßen häufig unpassierbar. Einmal im Jahr fliegt Brigitte nach Deutschland, meistens im Winter. Aber ganz zurückkehren nach Deutschland, nein, das möchte sie nicht.
Ein Nachbar fährt uns zu fortgeschrittener Stunde zurück zum Schiff. Am nächsten Morgen kommt Brigitte nochmals an Bord, um uns Lebewohl zu sagen. Wir kramen einige Geschenke hervor, Dinge, die es in La Tabatière nicht zu kaufen gibt: Bücher, die ich geschrieben habe, DVDs über unsere Expeditionen sowie deutsches Schwarzbrot in Dosen, Leberwurst und geräucherten Schwarzwälder Schinken. Wir trinken Kaffee und reden, bis der Redefluss irgendwann versiegt. Es ist Zeit zum Aufbruch. Wir nehmen uns in den Arm, drücken uns, dann klettert sie die steile Leiter nach oben. Sie bleibt noch eine Weile auf der Pier zwischen den Fischkisten stehen und winkt. Dann ist sie, sind wir fort. So ist das mit diesen Kurzbesuchen. Aber die Dauer spielt eigentlich keine Rolle. Die Intensität der Begegnung ist das, was zählt. Und die war hier gegeben!

◂ **Herzliche Begrüßung: Nach langer Freundschaft über Briefe und E-Mails treffen sich Brigitte Engel und Arved Fuchs zum ersten Mal persönlich.**

◂▾ **Welcomedinner: Brigitte Engel lädt die Crew zum Abendessen in das einzige Restaurant von La Tabatière ein.**

◂▾▾ **Kleiner Landgang: Zwei Crewmitglieder genießen zur Abwechselung Pflanzenduft statt Meeresbrise.**

Lunenburg / BLUENOSE II

Sie ist ein Segelschiff der absoluten Superlative. Ihr Name hat in Nova Scotia einen Klang wie Donnerhall: die BLUENOSE II – die Königin unter den majestätischen Fischereischonern. 38 Meter ragt ihr Großmast in den Himmel, er allein trägt 386 qm Segelfläche – fast viermal so viel wie der Mast der DAGMAR AAEN. Ihre Gesamtlänge misst 49 und ihr Tiefgang satte fünf Meter. Es mag größere Segelschiffe geben, aber wohl kaum eines, das die BLUENOSE II an Eleganz und Performance übertrifft. Sie gilt an der Ostküste Kanadas und Neuenglands unangefochten als das »Sexiest ship afloat«. Die BLUENOSE ziert die 10-Cent-Münze, es wurden über eine Million Briefmarken mit ihrer Abbildung gedruckt, die heute enorme Sammlerpreise erzielen. Und sie findet sich selbstverständlich auf jedem Autokennzeichen der Provinz Nova Scotia wieder. Sie ist eine Ikone aller Kanadier und für die Küstenbewohner eine Art Nationalheiligtum.

Dabei ist die BLUENOSE II ursprünglich keineswegs als Yacht, sondern als ein Fischereischiff konzipiert worden. Ihr Vorgänger, die BLUENOSE I, gewann unter Kapitän Angus Walter in schöner Regelmäßigkeit den begehrten »Fisherman's Cup« – eine Regatta, die von den gro-

ßen Fischereischonern Nova Scotias und Massachusetts ausgetragen wurde. Als 1920 das Rennen um den America's Cup wegen stürmischen Wetters abgesagt wurde, brach der Herausgeber der Zeitung »Halifax Herald and Mail« in dröhnendes Gelächter aus, erklärte die Sportsegler zu Waschlappen und setzte einen Preis von 5000 Dollar und einen Silberpokal aus für den Sieg in einem Race von Fischern. Die verstünden es, auch bei rauer See schnell zu segeln. Das mussten sie nämlich, wenn sie ihren Kabeljau »fangfrisch« an Land bringen wollten. Es muss ein unglaublicher Showdown gewesen sein, wenn die riesigen Schoner zum Rennen gegeneinander antraten. Verbissen kämpften die Fischer aus Gloucester und Lunenburg um den Sieg. 17 Jahre lang blieb die BLUENOSE I unbesiegt, danach wurde der Cup nicht mehr ausgetragen. Bei ihrer Indienststellung im Jahre 1921 galt ihr Großsegel als das größte der Welt. Als die BLUENOSE I – inzwischen altersschwach und seemüde geworden – 1946 in der Karibik auf ein Riff lief und unterging, versank damit auch ein Identifikationsobjekt der Kanadier in den Fluten. 1962 ließ daraufhin eine kanadische Brauerei nach den Originalplänen auf der gleichen Werft, die auch das erste Schiff gebaut hatte, einen exakten Nachbau anfertigen. Angus Walter, mittlerweile im Pensionsalter, soll persönlich die Bauaufsicht durchgeführt haben. Die BLUENOSE II lief im Juli 1963 vom Stapel. Acht Jahre später wurde sie von der Provinzregierung übernommen und fortan als segelnde Botschafterin Nova Scotias eingesetzt.

Die kleine Ortschaft Lunenburg war damals wie heute ihr Heimathafen. Der Name verrät es, das deutsche Lüneburg stand – indirekt – Taufpate bei der Namensfindung. Der englische König Georg II., der aus dem Hause Hannover stammte und Herzog von Brandenburg-Lüneburg war, hatte 1749 protestantische Siedler aus Deutschland und der Schweiz in die junge britische Kolonie gerufen, um ein Gegengewicht gegen die französischen Siedler im Norden der Halbinsel zu schaffen. Gut 1600 Einwanderer folgten seinem Ruf, nur zwei von ihnen

▼ Nebel vor Nova Scotia. Wo früher Dutzende Fischereischoner ankerten, liegen heute kleine und größere Yachten.

▶ Die Hafenfront von Lunenburg, einst Zentrum der Fischerei, ist heute eine beliebte Touristenmeile, die zum »Weltkulturerbe« der UNESCO gehört.

ICE CREAM
AIR CONDITION

GAIL PATRIARCHE GALLERY

▲ **Jedes Haus ein Unikat: In der Altstadt von Lunenburg, der ältesten deutschen Siedlung in der Neuen Welt, stehen viele liebevoll restaurierte Holzhäuser. Früher wurden ihre Fassaden gegen Wind und Salz mit einer Mischung aus Farbe und Tran geschützt.**

sollen tatsächlich aus Lüneburg gekommen sein. Die deutschsprachigen Pioniere hinterließen bleibende Spuren in Nova Scotia, ablesbar an Ortsnamen wie New Germany und West Berlin oder der Tafel an einem Haus in Lunenburg: »Ältestes Haus«.

Die meisten Einwanderer waren Bauern, doch der felsige Boden ihrer neuen Heimat eignete sich nur bedingt für Landwirtschaft. Also mussten sie umschulen; aus Ackerbauern wurden Fischer und Bootsbauer, und aus Lunenburg wurde mit der Zeit die größte Werft des östlichen Kanada.

Die älteste deutsche Siedlung in der Neuen Welt mit ihren bunten und liebevoll restaurierten Häusern gehört seit 1995 zur UNESCO World Heritage List. Ihr Hafen, die Werftbetriebe und die dort beheimateten schnellen Fischereischoner machten Lunenburg zum Mittelpunkt der Fischereiindustrie. Das ist bis heute den schindelverkleideten Holzhäusern der Waterfront anzusehen, die traditionell ziegelrot sind. Der Ursprung der Farbe kommt daher, dass Ton mit Kabeljautran gemischt wurde, um das Holz gegen Regen und Salzluft zu imprägnieren. Die Fischer wurden im Volksmund als »Bluenoses« (Blaunasen) bezeichnet – nicht etwa wegen eines übermäßigen Whiskykonsums, sondern weil sie aus dem eisigen und stürmischen Wetter des Nordatlantiks oft mit blau gefrorenen Nasen zurückkamen. Falls sie zurückkamen. Mit ihren voll beladenen Schonern hetzten sie mit so viel Segelfläche wie möglich zum Hafen, nicht selten auf der Flucht vor aufziehenden Stürmen. Nicht immer gelang die Flucht. Am Hafen von Lunenburg stehen Granitstelen mit den Namen der gescheiterten Schiffe und deren ertrunkener Besatzung. Es sind hunderte von Namen. Tragödien, die sich stetig wiederholten. Die Schoner wurden von Sturmseen zerschlagen, strandeten auf den Sandbänken von Sable Island oder verloren in brutalen Böen ihre himmelhohen Masten und damit ihre Manövrierfähigkeit. Ein einziger Oststurm an den Grand Banks im Jahre 1879 versenkte 29 Schiffe, mit denen 249 Mann untergingen. Der Atlantik traf eine harte Auslese, und nur die Besten überlebten. Die BLUENOSE I gehörte dazu.

Nach 48 Jahren Dauereinsatz ist das Nadelholz, aus dem die BLUENOSE II gebaut worden ist, weich und rott geworden. Alle Versuche, das Schiff in den vergangenen Jahren zu restaurieren, konnten das Grundproblem nicht beheben. Anders als das langlebige und harte Eichenholz, haben Fichte und Kiefer nur eine sehr begrenzte Lebenszeit. Nur ein Neubau könnte die Tradition fortbestehen lassen.

Doch in der heutigen Zeit, bei einer kränkelnden Wirtschaft, bei staatlich sanktionierten Einsparmaßnahmen, die jeder spürt, ein neues Schiff bauen? Es gibt kritische Stimmen, als dieser Plan bekannt wird – aber nicht viele. Und überhaupt – ein Neubau soll es ja gar nicht werden. Die Pläne, eine BLUENOSE III zu bauen, werden schnell begraben. Es soll vielmehr eine aufwändige Restaurierung der alten BLUENOSE II stattfinden. Ein Konsortium aus drei ortsansässigen Firmen teilt sich den Auftrag: Covey Island Boatyard, Snyders Shipyard und Lunenburg Foundary sollen in einer konzertierten Aktion das alte Schiff neu auferstehen lassen. Es ist ja »nur« eine Restaurierung – die aber mit mindestens 15 Millionen Dollar zu Buche schlägt.

Wer an der Sinnhaftigkeit solchen Handelns zweifelt, hat nicht die Bedeutung des Schiffes für die Kanadier verstanden. Von der alten BLUENOSE II wird bestenfalls ein Stückchen Holz von vielleicht einem Meter Länge irgendwo verbaut werden – der »Rest« ist nagelneu und dieses Mal aus Hartholz. Um kritische Stimmen ob solcher »Geldverschwendung« gar nicht erst aufkommen zu lassen, findet die Demontage des alten Rumpfes in aller Stille statt. Die riesigen Masten sind bereits gezogen, als wir das Schiff in Lunenburg besuchen. Der Rumpf ist leer geräumt. An Bord dürfen wir aber nicht – man möchte das Rupfen des alten Schiffes so wenig wie möglich an die Öffentlichkeit bringen. Nur widerwillig erhalten wir Auskunft über den geplanten Um- oder Neubau. Nur keine Öffentlichkeit! »Was passiert mit dem alten Rumpf, wenn er leer geräumt ist?«, will ich wissen. »Chainsaw« – Kettensäge – kommt die knappe, aber eindeutige Antwort. Es wird schnell gehen mit dem Neubau. Vermutlich schon im Sommer 2011 wird die BLUENOSE II wieder unter Segeln den Hafen von Lunenburg verlassen – so, als sei gar nichts gewesen. Und die große Mehrzahl der Kanadier steht hinter dem Projekt. Das ist das eigentlich Großartige an dieser Geschichte. Nicht die Krämerseelen haben sich durchgesetzt, sondern diejenigen, denen eine aktive BLUENOSE II ein kulturelles Identifikationsobjekt und ein Ausdruck von Selbstverständnis ist. Wäre so etwas auch in Deutschland möglich?

Die Kanadier jedenfalls – und wir mit ihnen – betrachten es als Glück: Die gewaltigen Segel der BLUENOSE II werden auch in den nächsten Jahrzehnten über der Kimm auftauchen. Das Schiff wird eindrucksvoll die Ästhetik und Funktionalität der großen Fischereischoner demonstrieren und damit ein wichtiges Stück Kulturgeschichte am Leben erhalten.

▲ Legende unter Segeln: Der Fischereischoner BLUENOSE war der schnellste auf dem Meer und wurde niemals von einem Konkurrenten geschlagen.

▲ Lunenburg im Jahre 1898. Die Fischereiflotte wartet vor dem Auslaufen zu den Grand Banks auf günstigen Wind.

▶ Nachbau im Umbau. Die BLUENOSE II, aus weichem Nadelholz gebaut, muss nach jahrelangem Einsatz als schwimmender Botschafter von Nova Scotia komplett erneuert werden.

THE DORY SHOP
SUCCESSORS TO
W LAWRENCE ALLEN DORY BUILDERS LTD
BOAT RENTALS & CUSTOM BUILDING & REPAIRS

▲ Köstlichkeit aus dem Meer. Während der Saison feiert jeder Küstenort in Nova Scotia seine »Hummertage« – sogar bei McDonald's ist dann ein »Mac Lobster« im Angebot.

◀ Solche Dory genannten Ruderboote wurden von den Fischereischonern auf den Grand Banks mit jeweils zwei Mann an Bord ausgesetzt. Erst wenn die Boote randvoll mit Dorsch waren, kehrten sie zum Mutterschiff zurück.

Farewell to Nova Scotia

▸ Nova Scotia ist vom Atlantik umgeben, die Bay of Fundy an der Westküste hat mit bis zu 21 Metern den höchsten Gezeitenunterschied der Erde, gefährliche Strömungen und Untiefen bedrohten die Seeleute – Leuchttürme waren eine Lebensversicherung.

▸▸ Links der weite Atlantik, voraus ein kleiner Küstenfleck, rechts die Pracht wuchernder Lupinen: Das Leben auf Nova Scotia ist geruhsam.

Mit »It happened again – es ist schon wieder passiert«, leitet der Radiosprecher gut gelaunt seine Nachrichtensendung ein. Im festen Glauben, einen Flug nach Sydney, Australien, gebucht zu haben, fand sich ein italienisches Ehepaar stattdessen unvermittelt auf einem eher überschaubaren, kleinen Provinzflughafen in Kanada wieder – in Sydney, Nova Scotia. Seinem Reisebüro war ein entscheidender Fehler unterlaufen – nicht zum ersten Mal, wie uns der Hafenkapitän schmunzelnd erzählt. Die Verwechslung hat Tradition.

Dabei liegen die beiden Sydneys nicht nur geografisch auf verschiedenen Erdteilen, auch ihr Charakter könnte kaum gegensätzlicher sein. Eine Metropole ist Sydney, Nova Scotia, jedenfalls nicht. Aber nett ist es dort. Mit rund 26 000 Einwohnern ist die Stadt für den australischen Counterpart keine wirkliche Konkurrentin. Aber sie gibt sich dennoch sehr selbstbewusst. Einst war sie einer der wichtigsten Standorte für die Stahlproduktion in Kanada. Aber das ist Geschichte. Heute hat sich das Antlitz der Stadt gründlich geändert. Kreuzfahrtschiffe statt Massengutfrachtern, Touristen statt Stahlarbeitern beherrschen das Stadtbild. Im Jahre 2001 kam das endgültige Aus für die Kohle- und Stahlindustrie. Der Not gehorchend, besannen sich die Stadtväter auf ihr kulturelles Erbe, bauten eine Philharmonie unmittelbar am Kreuzfahrtterminal, davor eine überdimensionale stählerne Violine als Wahrzeichen. Die Straßen sind gesäumt von liebevoll gepflegten Holzhäusern aus dem 18. Jahrhundert, Pubs und Souvenirshops – und immer wieder Musik. Musik gehört zu Cape Breton Island wie Guinness zu Irland. Bei schönem Wetter wird auf der Straße musiziert, ansonsten in den diversen Kneipen.

Sydney liegt auf der Cape-Breton-Insel – auf Eilean Cheap, wie es auf Gälisch heißt. Es ist von der Hauptinsel Nova Scotia durch einen Sund getrennt. Flächenmäßig etwa so groß wie die Schweiz, war Nova Scotia das Ziel einer ganzen Einwanderungswelle. Die Urahnen der heutigen Einwohner stammten aus der Alten Welt, die meisten aus Schottland, wie der Name unschwer erahnen lässt. Vor 200 Jahren kamen sie aus den schottischen Highlands. Im Zuge der sogenannten »Highlands Clearance« hatte man sie aus ihrer Heimat vertrieben. Wer überleben wollte, musste sein Glück in der Neuen Welt suchen. Aber auch dort begegnete man ihnen alles andere als freundlich. Die Franzosen beanspruchten die Isle Royal, wie Cape Breton Island damals hieß, für sich. Es kam zu heftigen Auseinandersetzungen mit den Franzosen, die ihrerseits im 17. Jahrhundert die Insel den Mi'kmaq-Indianern abgerungen hatten. 1758 wurde die letzte Bastion der Franzosen, die heute wieder rekonstruierte Festungsstadt Louisburg, von den Briten erobert. 50 000 Schotten siedelten sich an und geben der Insel bis heute ihre charakteristische Prägung.

Der Tradition verpflichtete Eltern sorgen dafür, dass ihre Kinder in den Ferien die gälische Sprache lernen oder an einer Musikschule die Bodhrán-Trommel oder das Dudelsackspielen erlernen. Die Menschen identifizieren sich mit ihren Ahnen. »Wenn ich ein gälisches Lied singe, das von der Vertreibung meiner Vorfahren aus den schottischen Highlands handelt, verstehe ich das furchtbare Leid und Unrecht, das sie erleiden mussten«, erklärt uns der Musiker Colin MacDonald. Die Musik gab den Vertriebenen Mut und Durchhaltewillen –

Eine Eisenbahnbrücke überspannt den Bras d'Or Lake, einen Meeresarm, der Cape Breton Island durchzieht und sich zu immer neuen Seen weitet.

Auch in der Neuen Welt greift man gern zum alten Stoff: Auf Cape Breton Island steht die einzige Single-Malt-Destillerie Kanadas.

Gilt als der schönste Küstenweg der kanadischen Ostküste: der Cabot Trail auf Cape Breton Island.

DAGMAR

und die Gewissheit, eine nationale Identität zu besitzen. Besonders auf Cape Breton Island hat die gälisch-schottische Musik einen sehr hohen Stellenwert in der Bevölkerung – und zwar unabhängig vom Lebensalter. Die Kultur der alten Heimat lebt. Ob Bodhrán-Trommel, Backpipe oder die in Vitrinen ausgestellten unterschiedlichen Kilts der verschiedenen Clans – das Interesse beruht nicht auf Nostalgie, sondern auf einer sehr gegenwärtigen Geschichte. Und dabei darf eines natürlich nicht fehlen – der nach urschottischen Rezepten gebrannte Single Malt Whiskey, der einzige in Nordamerika. In Glenora, dem Sitz der Destille, treffen wir mit Donnie Campell zusammen. Er war früher Account Manager eines großen Hotels in Toronto, bis ihm das Großstadtleben zu hektisch wurde. Er siedelte in das geruhsame Nova Scotia um. Auf seiner Visitenkarte lese ich »Whisky Ambassador«, und schon bei seinen einleitenden Worten wird deutlich, dass er es mit seiner Profession sehr ernst nimmt. Einen engagierteren Botschafter kann man sich kaum wünschen. Campell ist selbst ein passionierter Segler. Sein Segelboot hat er konsequenterweise auf den Namen CASCKET STRENGTH – Fassstärke – getauft. Whiskykennern sagt das was!

Das Boot liegt auf dem Bras d'Or Lake, der die Cape-Breton-Insel beinahe halbiert. Die Ortschaft Baddeck – etwa auf halbem Weg – nennt sich selbst »sailor's paradise«, übertreibt damit aber kaum. Der Ort ist Ausgangspunkt für Ausflüge zu Wasser und zu Lande, hier beginnt und endet der berühmte Cabot Trail, ein spektakulärer Küstenwanderweg. Dem aus Edinburgh stammenden Erfinder des Telefons, Alexander Graham Bell, hat es hier dereinst so gut gefallen, dass er sich ein kolossales Anwesen zulegte und fortan dort wohnte. Sein Haus ist heute ein Museum.

Lediglich an seinem Südende ist der See durch eine etwa 800 Meter breite Landzunge vom Atlantik abgetrennt. Von Sydney aus kommend, kann man den See – der genau genommen kein See, sondern ein Meeresarm ist – über einen schmalen Sund erreichen. Die Süddurchfahrt wurde schließlich 1869 durch Menschenhand vervollständigt. Es entstand der St. Peter Canal, der, fortan durch eine Schleuse gesichert, den Isthmus durchbrach. Der Durchbruch eröffnete einen Handelsweg für Schiffe, die auf dieser Route dem stürmischen Atlantik ausweichen konnten. Heute hat der Seeweg seine Bedeutung als Handelsroute verloren, dafür besitzt er für die Freizeit- und Sportschifffahrt eine große Bedeutung. Auf diese Weise ist es möglich, die gesamte Cape-Breton-Insel auf dem Wasserwege zu durchqueren, ohne die raue Küstenpassage über den Atlantik wagen zu müssen.

Raimer Fuhlendorf, ein alter Freund und ein Crewmitglied der DAGMAR AAEN, ist vor über 30 Jahren von Deutschland nach Kanada ausgewandert. Er lebt seit mehr als 20 Jahren in Nova Scotia, in einem kleinen Dorf etwa zwei Autostunden von der Hauptstadt Halifax entfernt. Auf dieser Reise mit der DAGMAR AAEN lernt er seine Wahlheimat aus einer ganz neuen Perspektive kennen.

»Was ist das Besondere an Nova Scotia?«, wollen wir von ihm wissen. Er zuckt mit den Schultern. Die Antwort darauf gibt er uns erst Tage später. »Ich musste mir erst selbst darüber klar werden. Aber wenn ich die Nachrichten höre und lese, wie es woanders in der Welt zugeht, dann weiß ich, warum ich hier leben will.« Und dann klingt es aus seinem Munde fast wie eine Liebeserklärung: »Nova Scotia ist eine wunderbare, eine liebenswerte Provinz. Es mag hier einsam erscheinen, und die Verkehrsverbindungen sind nicht immer optimal. Das Wetter kann im Winter stürmisch, kalt und neblig sein, und auch wirtschaftlich läuft hier nicht alles optimal. Es gibt zu wenige gut bezahlte Arbeitsplätze. Aber trotz aller Schwierigkeiten – Nova Scotia hat sich seine ganz eigene Identität und Lebensart bewahrt. Es ist einfach anders – das macht seinen Charme aus.«

Jetzt im Hochsommer ist es sonnig und warm, die Wälder und Wiesen sind grün, und die See ist meist ruhig. Aber man braucht nur in die vom Wetter gegerbten Gesichter der Fischer zu blicken, um zu erahnen, dass die Natur hier dem Menschen viel abverlangt. Vom Meer zu leben heißt an dieser Küste, ums Überleben zu kämpfen. Ein Kampf, der sich offenbar lohnt – nicht materiell, aber existenziell. Er prägt die Menschen und verschafft ihnen eine tiefe

◂ Music in the air: Die DAGMAR AAEN hat vor dem Konzerthaus von Sidney auf Cape Breton Island festgemacht. Die überdimensionale Violine im Vordergrund wirbt für das allsommerliche Musik-Festival.

▾ Der Stolz des Hauses: Wie jeder gute Single Malt Whisky bietet der zehn Jahre alte Glennora eine Komposition von über achtzig Geschmackskomponenten.

▾ Die Residenz eines Genies. Alexander Graham Bell war ein Pionier der Kommunikationstechnik, er erfand das Telefon, wurde sehr reich und errichtete eine prächtige Villa bei Baddeck mit Blick auf den Bras d'Or Lake.

▸ Summertime: Die Bewohner von Cape Breton Island genießen die lange Ferienzeit in den Sommermonaten. Zu den Highlights gehören Angeln am Meer, die vielen attraktiven Konzerte, Wanderungen in der ursprünglichen Natur, der Besuch von Sehenswürdigkeiten und ein ausgedehnter Meinungsaustausch mit dem Nachbarn.

▸▸ Sonntagsruhe. Die DAGMAR AAEN liegt vor dem kleinen Küstenort Baddeck, die Sonne scheint, das Thermometer steht bei 30 °C, die Mannschaft schwitzt und ruht sich aus.

Befriedigung. Selten begegnet man Personen, die mehr in sich zu ruhen scheinen als diese Küstenbewohner. Nebel, Sturm und eine tückische See schaffen einen besonderen Typus Mensch.
»Farewell to Nova Scotia« – ein populärer Folksong drückt die tiefe Verbundenheit der Menschen mit ihrer Heimat aus:

Your sea-bound coast
Though your mountains dark and dreary be
And when I am far away on your briny ocean tossed
Will you ever heave a sigh or a wish for me.

Noch während wir darüber nachsinnen, zieht plötzlich Seenebel auf. Die Hand, die die Kaffeemug umfasst, wird klamm. Von dem Seezeichen, das eben noch deutlich sichtbar vor uns lag, ist nur noch das düstere Läuten der daran befestigten Glocke zu hören. Wir passieren die Glockentonne in wenigen Metern Abstand, sehen können wir sie nicht – nur hören. So schnell kann das hier gehen.

ST. MICHAEL'S
CATHOLIC
CHURCH

GLENORA DISTILLERY
225
1996
232
1996
183

DAGMAR AAE

Sable Island

◀ **Wellenmassage: Am Strand von Sable Island ruhen Robben in der Gischt der Brandung, bereit, bei Gefahr sofort ins Meer zu flüchten.**

Landkarten, das stellten wir bei unseren Gesprächen während der langen Wachen an Bord fest, haben manche von uns schon als Kind magisch angezogen. Der braune Diercke-Schulatlas war mein Schauplatz erster Entdeckungen. Darin zu blättern und mit dem Finger auf der Landkarte die fernen Länder zu erkunden und den kindlichen Träumen nachzuhängen war der Stoff, aus dem Abenteuer gemacht waren. Und irgendwann stieß ich dabei auf diese eigentümliche Insel, die einsam vor der Küste von Nova Scotia liegt, 160 Meilen östlich von Halifax, wo eigentlich nur Ozean sein sollte. Lang und schmal – wie ein Wellenbrecher mitten im Atlantik: Sable Island. Was war dort? Wie sah es dort aus? Lebten dort Menschen, und wenn ja, welche? Waren das vielleicht Piraten? Meine Fantasie ging mit mir durch, aber der Entschluss, irgendwann einmal diese Insel zu besuchen, war fortan in meinem Kopf eingebrannt. Irgendwann – das war für mich so sicher wie das Amen in der Kirche – würde der Zeitpunkt kommen, an dem ich durch die Brandung an den Strand waten und sie erkunden würde.

Von der tatsächlichen Brandung vor dieser Insel hatte ich damals natürlich keine Ahnung. Der amerikanische Autor Sebastian Junger schreibt in seinem Bestseller »Der Sturm« über den Untergang des Schwertfischfängers ANDREA GAIL, dessen Notfunksender am Strand dieser Sandinsel gefunden wurde: »Sable Island ist eine 20 Meilen lange Sandbarre, die sich unter Wasser noch weitere 40 bis 50 Meilen in Ost-West-Richtung erstreckt. Aus der Entfernung sehen die Wellen, die auf den Flachs brechen, wie eine weiße Sandbank aus. Seeleute sind schon im Sturm darauf zugesteuert in der Annahme, sie könnten sich retten, indem sie ihr Schiff auf den Strand setzen, nur um dann an der äußeren Barre durch 20 Fuß hohe Wellen in Stücke geschlagen zu werden.«

Junger zitiert dann den Historiker George Paterson, der sich mit der Geografie und Geschichte von Sable Island befasst hat: »Vom östlichen Ende erstreckt sich eine Barre 17 Meilen in nordöstlicher Richtung, von denen die ersten vier bei gutem Wetter trockenfallen, die folgenden neun von schweren Brechern überspült werden und die restlichen vier unter einer hohen Kreuzsee liegen. Die Insel und ihre Barre zeigen sich als eine über 50 Meilen lange kontinuierliche Linie fürchterlicher Brecher. Die Strömungen, die um die Insel fließen, stehen miteinander im Widerstreit und sind unglaublich unbeständig; manchmal passieren sie alle Striche des Kompasses in 24 Stunden. Ein leeres Fass wird rund um die Insel getragen; immer wieder, und das Gleiche gilt für die ertrunkenen Seeleute von den Wracks.«

Es ist ein düsteres Ziel, das wir am 22. Juli ansteuern, einer der größten Schiffsfriedhöfe des Atlantiks, gefährlich, aber auch faszinierend. Die sichelförmige Insel liegt genau dort, wo der kalte Labradorstrom auf den warmen Golfstrom stößt; Nebel ist die Folge, 122 Tage pro Jahr hüllt er den Hinterhalt im Atlantik ein und macht ihn für Seeleute unsichtbar.

Sable Island ist Naturschutzgebiet, man braucht eine besondere Genehmigung, um die Insel zu betreten. Aber das größere Hindernis ist die Insel selbst. Es gibt keinen Hafen, keine geschützte Ankerbucht, schon der kleinste Wetterwechsel kann alle Besuchspläne scheitern lassen. Tosende Brandung steht dann vor der Insel, schwere Brecher prallen auf den Strand und machen jeden Annäherungsversuch zunichte. Jetzt haben wir zwar die

▲▲ Blick auf die Realität eines Traumes. Arved Fuchs am Strand von Sable Island.

▲ Die Natur bleibt sich selbst überlasen. Am Strand der Insel verwest ein verendeter Wal.

▶ Verwildert seit 250 Jahren. Die Nachkommen der Ponys, die 1738 auf die Insel gebracht wurden, führen ein freies, ungezähmtes Leben.

▶▶ Halb neugierig, halb misstrauisch: Eine Robbe beäugt aus sicherer Entfernung das ungewohnte Bild eines Menschen am Strand.

▲ **Rückzugsraum. Für Tiere wie diese Robbe bietet die wilde Insel im Atlantik ein einzigartiges Refugium.**

Genehmigung und ein eigenes Schiff, um endlich meinen alten Traum in die Tat umzusetzen – aber die Unsicherheit bleibt bis zum letzten Moment: Wie wird das Wetter?
Doch dieses Mal scheint der Atlantik ein Einsehen zu haben. Mein Jugendtraum geht in Erfüllung. Das Wetter ist moderat – heute zumindest –, und wir können vor dem Nordstrand, dicht unter Land vor Anker gehen.
Dann das Anlanden mit dem Schlauchboot – ein Abenteuer. Wir haben Nordwestwind, die großen Brecher treffen auf den Südstrand der Insel, aber die Brandung im Norden ist auch nicht ohne. Es erfordert Konzentration und Geschick, das Boot so durch die Wellen zu steuern, dass es nicht quer- oder vollschlägt. Endlich der erste knirschende Schritt an den Strand – der Zwölfjährige ist angekommen, er erobert seine Insel, Hand in Hand mit dem alten Diercke, ein unbeschreibliches Gefühl!
Am Strand sind wir mit Gerry Forbes verabredet. Gerry ist so eine Art Inselvogt von Sable Island. Er ist Angestellter der Kanadischen Umweltbehörde, Hausherr der Station und außerdem noch Repräsentant der Kanadischen Küstenwache – alles in Personalunion. Gerry wacht über die Einhaltung der Naturschutzbestimmungen, managt die Forschungseinrichtungen und sorgt dafür, dass die gelegentlich auf der Insel weilenden Wissenschaftler Unterkunft finden und ungestört ihrer Arbeit nachgehen können. Gleichzeitig leitet er die meteorologische Station und lässt zweimal täglich zu genau festgelegten Zeiten Wetterballone steigen. Die vielen verschiedenen Aufgabenbereiche scheinen ihn aber nicht zu belasten – im Gegenteil. Er macht einen sehr entspannten Eindruck auf uns. Hektik will auch nicht zu dieser Atlantikinsel passen.
Wir haben uns, den Vorschriften entsprechend, bereits am Vortag über Satellitentelefon bei ihm angemeldet und das Treffen am Strand vereinbart. Pünktlich fährt Gerry mit seinem Geländewagen vor und empfängt uns freundlich mit Handschlag. Mit seinem breit-

krempigen Hut, der ihn vor den aggressiven Attacken der brütenden Küstenseeschwalben schützen soll, stapft er uns voran durch den Sand zu seinem Fahrzeug. Unaufgeregt weist er uns in die Naturschutzbestimmungen der Insel ein, gibt uns Empfehlungen, wohin wir uns wenden können, und lädt uns ein, später am Tag die Station zu besuchen. Gerry kennt die Insel wie kaum ein Zweiter. Seit über 20 Jahren lebt er den größten Teil des Jahres auf Sable Island, und an dieser Lebensgestaltung soll sich seiner Meinung nach auch in Zukunft nichts ändern. Gerry liebt die sturmumtoste Insel und das damit verbundene abgeschiedene Leben. Ob er etwas vermisst, will ich wissen »Nein«, lacht er, »aber wenn ich auf dem Festland bin, vermisse ich Sable Island.«
Dann entlässt er uns, wir ziehen los und erkunden die Insel. Eine Meereslandschaft von ursprünglicher, wilder Schönheit. Weit gestreckte, hohe Dünen, spärliche Vegetation, riesige Sände. Am Südstrand das ohrenbetäubende Tosen der Sturzseen, die auf den Strand donnern. Ein toter Wal liegt im Sand, immer wieder stößt man auf Wrackteile. Zahllose Menschen sind hier schiffbrüchig geworden, wurden von der Brandung erschlagen und ersäuft, wenige noch lebend angeschwemmt. Heute tummeln sich hunderte Robben am Strand und im flachen Wasser. Überall sind Wasservögel und Pferde, Nachkommen von Ponys, die 1738 eingeführt wurden und verwilderten. Eine Insel, die niemals gezähmt wurde, alle Besiedelungsversuche wurden aufgegeben.
Nach vier Stunden kehrt der erste Landungstrupp zurück zum Schiff, nun können die anderen an Land, die bisher aufgepasst haben, dass der Anker hält. Die Uhrzeit wird vereinbart, zu der alle wieder am Nordstrand sein sollen.
Aber jetzt bekommen wir die Unberechenbarkeit dieser Insel selbst zu spüren. Der Wind dreht nur leicht, aber sofort ändert sich das Wellenbild um die ankernde DAGMAR AAEN. Von einer Minute zur anderen wird die Brandung, die gegen die Insel anrennt, höher. Ich springe

◄▲ **Gerry Forbes, Inselvogt und Naturschutzbeauftragter, erläutert die Instrumente der meteorologischen Station.**

◄▲ **Warten auf das Schlauchboot. Der Wind hat gedreht, die Brandung wird stärker. Höchste Zeit für die Rückkehr zum Schiff.**

▲ **Hinter dem Funkmast eines Inselgebäudes zieht eine Front auf. Sable Island ist für schnelle Wetterwechsel berüchtigt.**

◀ Die Wetterstation von Sable Island. Im Vordergrund ein Instrument, das die Sonnenscheindauer aufzeichnet.

▲ Ein Fohlen, das Dagmar heißt. Inselvogt Gerry Forbes gibt jedem neugeborenen Pferd einen Namen. Zu Ehren der DAGMAR AAEN wurde dieses Fohlen im Sommer 2010 nach unserem Schiff benannt.

sofort ins Schlauchboot und fahre zum Nordstrand; ein Teil der Landgänger wartet schon, aber beim Versuch, sie an Bord zu nehmen, wird das Boot zum Spielball der Wellen und schlägt voll Wasser. Gemeinsam zerren wir jetzt alle das Boot an Land, leeren es und diskutieren die Lage. Sie wirkt durchaus bedrohlich, denn die Brandung wird stärker, und keiner weiß, wie lange der Anker des Schiffes noch halten wird. Einfach auf der Insel abzuwarten, bis der Wind wieder dreht oder abflaut, das geht nicht. Also neuer Versuch, alles muss sehr schnell gehen: das Boot ins Wasser schieben, alle hechten hinein bis auf Peter, der am Heck im Wasser bleibt und aufpasst, dass der Bug genau gegen die Wellen gerichtet ist. Nach der nächsten großen Welle schiebt er das Boot so schnell er kann vorwärts, bis er keinen Boden mehr unter den Füßen hat, gleichzeitig wird im Boot mit aller Kraft gepaddelt, und da, krach, kommt die nächste große Welle, sie schlägt das Boot halb voll Wasser, aber es schwimmt; es gelingt mir, den Außenborder zu starten, Peter hängt noch immer zappelnd an der Außenleine, aber dann schafft er es, sich hochzuziehen und ins Boot zu plumpsen. Jetzt heißt es beten, es ist flach, und es besteht die Gefahr, dass das Schlauchboot im Wellental einer Grundsee aufsetzt, außer Kontrolle gerät und kentert. Aber alles geht gut, das Boot erreicht die DAGMAR AAEN. Doch zwei von der Crew fehlen noch. Noch einmal muss ich an Land fahren, aber diesmal bleibe ich vorsichtshalber im tieferen Wasser und winke die beiden zu mir. Bis zur Brust in den Wellen, waten sie hinaus und lassen sich von mir ins Boot ziehen. Dann mit Vollgas zurück zum Schiff, Maschine an, Anker hoch und weg. Noch einmal davongekommen. Aber Sable Island wird uns in Erinnerung bleiben – anders, als es der Zwölfjährige sich vorgestellt hat.

Jeder erfüllte Traum hinterlässt auch eine Lücke, ein Loch, das schwer zu schließen ist. Aus der Traum! Er hat der Realität Platz gemacht, und damit verliert sich auch der Mythos. Aus ihm sind konkrete Bilder geworden, der alte Diercke hat ausgedient. Aber es bleibt ja die tröstliche Gewissheit, dass es immer wieder neue Träume gibt.

Neufundland / St. John's

▸ Die DAGMAR AAEN unter Vollzeug vor Cape Race auf dem Weg nach St. John's.

▸▸ Im kleinen Hafen Little Harbour säubert ein Fischer seinen Fang. Ein aufgeregter Schwarm Möwen wartet darauf, dass die Abfälle über Bord gehen.

St. John's ist die älteste und die östlichste Stadt Nordamerikas, und sie war lange die Hauptstadt des Kabeljaus. »Kabeljauknochen« werden dort auf der Touristenmeile auch heute noch vielfach angeboten, aber das sind längliche Bonbons mit Erdnussbutter. Wer sich bei King Cod auf der Waterstreet eine Portion Fish and Chips in die Papiertüte füllen lässt, der kauft Kabeljau aus Russland. Der König ist verschwunden, und die Stadt, die er zur Metropole gemacht hatte, probiert heute, auf Tourismus umzuschulen – ein ziemlich verzweifelter Versuch bei 4,7 Grad Durchschnittstemperatur und 162 Regentagen pro Jahr.

Ganze Fischereiflotten kamen früher nach St. John's, der Basisstadt für die europäischen Trawler. Hier fanden sie Versorgungsbetriebe und Werften, Segelmacher und Reepschläger, Pubs und Puffs. 2500 Schiffe pro Jahr machten an den Piers fest. Viele Generationen lang lebte die Stadt vom Fisch, vom Kabeljau. Und sie lebte gut. Denn direkt vor ihrer Haustür lag eine der fettesten Weiden der Meere, die Neufundlandbänke.

Ihre Entstehung verdanken sie den Eisbergen, die, wenn sie aus dem kalten Labradorstrom in den warmen Golfstrom gerieten, abzuschmelzen begannen und die Last aus Steinen und Geröll, die sie mit sich führten, auf den Meeresboden sinken ließen. Der hob sich im Laufe der Jahrtausende immer weiter und wurde zum Laichplatz und Lebensraum gigantischer Fischschwärme. Die einen schätzten das kalte Wasser, die anderen das wärmere, wieder andere die Süßwasseranteile durch schmelzendes Eis und alle das riesige Nahrungsangebot, das hier aus der Tiefsee nach oben gespült wird und das sie sich wechselseitig machten.

Die Grand Banks wurden zum Magneten für Fischer, auch aus Frankreich, Spanien und Portugal. 1850 wurden hier in einer einzigen Saison um die fünf Millionen Stück Kabeljaue aus dem Meer gezogen; viele davon von Dory-Fischern, die in kleinen Booten von einem Mutterschiff aus unterwegs waren. Aber die reichen Fischgründe waren mit ihren schnell wechselnden Winden, plötzlich hereinbrechenden Stürmen und unberechenbaren Nebeln auch eine der gefährlichsten Meeresregionen. In einer einzigen Nacht mit plötzlichem Nebel, auffrischendem Wind und dann einsetzendem Schnee sind 200 portugiesische Dory-Männer ums Leben gekommen.

Das Meer gibt, das Meer nimmt. Mit diesem Gesetz lebten die Fischer und die Menschen an der Küste seit jeher. Die Newfies, wie die Neufundländer im übrigen Kanada halb liebevoll, halb spöttisch genannt werden, gelten als die Ostfriesen des Landes, eigenbrötlerisch und einfältig, aber auch stur und beharrlich. Wer sich Tag für Tag gegen die Urgewalt des Meeres behaupten muss, entwickelt eine besondere Mischung von Mut und Demut, Trotz und Bescheidenheit. Immer wieder ist das Meer der Stärkere, aber immer wieder kehrt man auch mit einem Schiff voller Fisch in den Hafen zurück.

Doch dann kamen die 1980er-Jahre, und das Meer gab nicht mehr. Immer häufiger blieben die Netze der Kabeljaufänger leer. Der Fisch, der Neufundland reich gemacht und die Welt verändert hatte, war weg und blieb weg – er war überfischt und fast ausgerottet. Allerdings nicht von den kleinen Küstenfischern, sondern von den riesigen Industrietrawlern, die mit modernster Technik ausgestattet sind, mit ihren Sonaren auch den letzten Fisch aufspüren

Jack
Wolfskin

▲ Eiskalt erwischt. Ein Fischereischoner kehrt 1920 von einer winterlichen Fangfahrt zurück. Das Leben der Männer an Bord war hart, ihre Arbeit oft lebensgefährlich. Aber der Einsatz wurde durch reiche Fänge belohnt.

und mit ihren gewaltigen Grundnetzen die Lebensgrundlage der Fischbrut zerstören. Und die das bei nahezu jedem Wetter und das ganze Jahr hindurch tun.

1992 beschloss die kanadische Regierung ein Moratorium zum totalen Fangverbot von Kabeljau, das 1994 erneuert und mit der Festlegung strikter Quoten auf andere Fischarten ausgeweitet wurde.

Es traf die Fischer an der Küste hart, mehr als 30 000 wurden arbeitslos. Die Regierung bot ihnen ein Umschulungsprogramm an für Jobs in der Industrie und Dienstleistungsbranche, aber beide existieren kaum. Neufundland gilt heute als das Armenhaus Kanadas, nirgendwo sonst ist das Durchschnittseinkommen so niedrig und die Arbeitslosigkeit so hoch. Der Hafen von St. John's, der auch als Zwischenstopp für die Handelsschifffahrt bedeutungslos wurde und nur noch selten einen Fischtrawler zu Gast hat, ist leer. Gerade mal 450 Schiffe, ein Fünftel der früheren Zahl, laufen ihn jährlich noch an.

Überall an der Küste ist die alte Infrastruktur zusammengebrochen und mit ihr die traditionelle Küstenkultur. Man muss heute suchen, bis man einen Fischer findet, der noch hinausfährt. In dem kleine Hafen Rocky Harbour ballen die Übriggebliebenen ihre Fäuste in der Tasche und fragten uns grimmig, was das für ein Naturschutz sei, der die Menschen nicht einbezieht. Die kanadische Fischereiaufsicht ist ihr erklärter Feind. Gerade einmal 36 Stunden hat die Behörde ihnen beispielsweise als Fangzeit für Heilbutt zugebilligt – für das gesamte Jahr. »Sogar mit Flugzeugen überwachen sie uns. Was kann man schon in 36 Stunden fangen?«

»Man sollte die Politiker alle aufhängen«, empört sich ein alter Fischer. »Die großen Schiffe da draußen zerstören den Meeresboden, und die Fische haben keinen Platz mehr, um zu laichen. Trotzdem werden die großen Trawler unterstützt, und wir kleinen, die Alteingesessenen sollen verschwinden.« Sein Sohn spuckt ins Hafenwasser und ergänzt: »Vor dem Moratorium gaben sie der Fischereiindustrie Kredite für noch größere Schiffe, und jetzt haben sie Angst, dass sie ihre Kredite nicht zurückbekommen. Deshalb kriegen die Großen von den Quoten am meisten ab. Tja, aber was können wir schon tun?«

Die Fischer fluchen und pumpen ihre Bank an. Die Fangquoten reichen kaum für die Betriebskosten der kleinen Trawler. 250 000 Dollar sei der Versicherungswert seines Kutters, klagt ein Fischer, aber der Marktpreis betrage gerade mal 70 000 Dollar. »Wir haben keine Lobby. Die großen Trawler kriegen die Quoten, und wir gehen leer aus.« Und die noch größeren,

◀ Quotenfisch. Heimgekehrte Fischer im Hafen von St. John's füllen ihren Fang in die Eisbehälter der Fischfabrik um. Die Behörden erlassen strenge Vorschriften, wie viel Fische zu welchen Zeiten gefangen werden dürfen.

◀▼ Ein so großer Heilbutt wie rechts im Bild gilt heute als Sensation. Früher waren derartige Größen gängig. Heilbuttfischerei ist besonders streng reglementiert. Nur 36 Stunden pro Jahr ist der Fang erlaubt.

◀▼ Ein Küstenfischer filettiert Kabeljau für den Eigenbedarf. Wie viele seiner Kollegen erwirtschaftet er kaum noch die Betriebskosten seines Kutters.

▶ Basstölpel auf einem Felsen von Neufundland. Während der Brutzeit bilden die Vögel riesige Kolonien, finden aber trotz des Gedränges zuverlässig ihr Nest wieder und füttern dort den Nachwuchs mit frisch gefangenem Fisch.

▲ Irisch geprägte Kneipen säumen eine Straße in der Altstadt von St. John's, das in den Sommermonaten zahlreiche Touristen anzieht. Sie kommen nicht nur wegen des malerischen Stadtbildes, sondern auch wegen der vitalen Musikszene. In jedem Pub spielt eine andere Band.

▶ Eine Band besonderer Art: Fünf Schwestern bilden die Mädchen-Gruppe Ashelin, die sich dem Celtic Folk verschrieben hat.

die Fabriktrawler, fischen außerhalb der 200-Meilen-Zone, wo die Regierung keine Macht mehr hat.

Die Erbitterung ist auch eine Folge von Ratlosigkeit. Denn trotz des rigorosen Schutzes für den Kabeljau haben sich die Bestände auf den Grand Banks in den vergangenen 20 Jahren kaum erholt.

George Rose, Fischereiwissenschaftler an der St. John's Memorial University und Verfasser einer umfassenden Untersuchung der Geschichte des Kabeljaufangs, hat wenig Hoffnung auf eine Wiederkehr der guten alten Zeit. Wir treffen ihn im Fischereihafen von St. John's. Es ist ein stürmischer Tag. Der Wind wirbelt Sand auf, sodass wir die Augen zusammenkneifen müssen. Er heult in den Antennen und Kranseilen der Kutter; die Bucht von St. John's ist mit weißen Schaumkronen gesprenkelt. Hinter einem leeren Container finden wir zwischen aufgestapelten Hummerfallen und Fischkisten Schutz vor dem Wind.

George Rose passt so gar nicht in das Klischee eines vergeistigten Professors, der seine Arbeitszeit in einem Labor, am Schreibtisch oder in Hörsälen verbringt. Er wirkt robust, sieht eher aus wie einer der Fischer. Er hat ein paar alte Schwarzweißfotos mitgebracht, Fischerboote, die überquellen von Kabeljau, riesige Prachtexemplare. Sogar in Netzfallen wurden sie früher gefangen, erzählt Rose. Etwa 100 Jahre lang waren neben Langleinen nahe der Küste auch solche Fallen im Einsatz, ohne dass der Bestand an Kabeljau zurückgegangen ist. Aber danach setzte die industrielle Fischerei mit immer größeren Trawlern ein. Für den Wissenschaftler ist eindeutig die Überfischung Ursache für den Rückgang der Bestände. »Man konnte den Fisch buchstäblich verschwinden sehen.« Und man konnte auch sehen, dass die gefangenen Fische im Vergleich zu denen aus früheren Fängen immer kleiner wurden. In manchen Jahren holten die Fischfangflotten über eine Million Tonnen Fisch aus dem einen Kabeljaubestand vor der Küste Neufundlands. Von dieser Überfischung haben sich die Bestände nie erholen können.

Die Einwände einiger Fischer, es gebe wieder jede Menge Fisch, lässt Rose nicht gelten. Ja, er kenne die Argumente der Fischer nur zu gut. »Manche von ihnen sagen, die Buchten seien voll von Fisch, aber das ist einfach nicht wahr. Wir wissen, dass das Fischen mit Grundschleppnetzen sich auf den empfindlichen Meeresboden sehr zerstörerisch auswirkt. Wir haben vermutlich schon viel zerstört. Deshalb entwickeln wir hier am Meeresinstitut von St. John's Fischfangmethoden, die den Meeresboden schonen.« Für völlig grotesk hält Rose die Behauptung, die allzu gefräßigen Robben seien schuld am Exodus des Kabeljaus. Magenuntersuchungen von Sattelrobben und Klappmützen ergaben, dass die Tiere 100 verschiedene Beutetiere fressen, darunter weniger als fünf Prozent Kabeljau. Wären wirklich die Robben schuld, hätte der Zusammenbruch der Fischbestände viel früher erfolgen müssen.

»Haben die Auswirkungen des Klimawandels etwas mit dem Verschwinden der Fischpopulation zu tun?«, wollen wir wissen. »Keine Frage, der Klimawandel und die Umweltbedingungen generell haben großen Einfluss auf die Fischbestände. Schon eine leichte Temperaturerhöhung des Meeres um ein Grad vermindert die Zahl der Mikroorganismen, die in ihm leben, und damit das Nahrungsangebot für Fischlarven. Folge: Weniger Larven kommen durch; die es schaffen, wachsen langsamer; die Zahl der Jungfische bleibt gering. Und die Hoffnung, dass der Kabeljau durch andere Fischarten ersetzt werden könnte, die sich in wärmerem Wasser wohler fühlen, ist trügerisch. Denn nur im kalten Meer gibt es das große Nahrungsangebot, das die Existenzgrundlage ist für die riesigen Schwärme, in denen der Kabeljau einst lebte.«

Roses Fazit: »Das Überleben der Menschheit hängt von unserem Umgang mit der Natur ab. Wir müssen die Natur ausbeuten, um zu überleben, aber wir müssen nach Wegen suchen, die Ausbeutung anders zu gestalten. Wenn wir nicht einmal das Problem mit der Fischerei vor unserer Küste lösen können, dann werden wir alle anderen Probleme in der Welt erst recht nicht lösen.«

Transatlantik

Es ist die maritime Wiedergeburt. Die Ansteuerungstonne von St. John's wandert langsam achteraus, vor uns die Weite des Nordatlantiks. Eine lange Dünung umfängt uns, das Meer atmet salzig-feuchte Luft und bestimmt fortan unseren Lebensrhythmus. Das ist wörtlich zu nehmen. Jede Welle, jedes Auf und Ab überträgt sich unmittelbar auf uns. Der von Landratten bespöttelte Seemannsgang rührt daher. Breitbeinig ist er, stets bemüht, Schiffsbewegungen auszugleichen, Halt zu finden. Der Boden schwankt, und daran wird sich auch die nächsten zwei Wochen nichts ändern. Irgendwo dort hinter dem Horizont liegt Irland. 1720 Seemeilen, entsprechend 3185 Kilometer Atlantikwasser, trennen uns von dem nächsten sicheren Hafen. Eine Wasserwüste, aber eine, die es in sich hat. Wir haben vor dem Auslaufen das Schiff noch einmal komplett überprüft. Das laufende Gut – das Tauwerk – auf Scheuerstellen untersucht. Die Wanten, die den Mast halten, nachgespannt. Die sogenannten Strecktaue – Sicherheitsleinen – über Deck ausgebracht und die Sturmsegel bereitgelegt.

Die Mannschaft ist in ein Dreiwachensystem eingeteilt. Und das geht so:

Die erste Wache beginnt um Mitternacht und dauert vier Stunden. Um 4 Uhr morgens tritt die zweite Wache an, die wiederum um 8 Uhr von der 8-bis-12-Wache abgelöst wird. Pünktlich um 12 Uhr mittags tritt wieder die erste Wache an. Um 16 Uhr löst sie die zweite Wache ab, um 20 Uhr zieht die dritte Wache auf. Auf diese Art und Weise geht jeder an Bord insgesamt 8 Stunden Wache pro Tag, die in je zwei Vier-Stunden-Wachen aufgeteilt sind. Was vielleicht irritierend klingt, ist in Wirklichkeit sehr effektiv. Befreit von diesem Rhythmus sind nur der Skipper, der Kapitän und – wenn genügend Crew an Bord ist – der Smut. Er soll schließlich die Mannschaft bei Kräften und Stimmung halten.

Der Wachwechsel folgt einem strengen Ritual: Spätestens fünf Minuten vor dem Wechsel erscheint die neue Wache an Deck. Sie versucht sich zunächst ein Bild über die Lage zu verschaffen. Die Segelstellung wird überprüft, die Nase prüfend in den Wind gereckt, um Wind- und Wetterverhältnisse aufzunehmen. Welcher Kurs wird gesteuert? Die Wachführer tauschen sich aus. »Hat sich der Luftdruck in den letzten vier Stunden verändert?« – »Er ist leicht um ein halbes Hektopascal gestiegen.« Der Wind weht konstant mit 4 Beaufort aus Nordwest – beste Segelbedingungen. Das Kielwasser zieht eine Schleppe aus einer gurgelnden Blasenbahn schnurgerade hinter dem Schiff her, die sich schließlich in der Dunkelheit verliert. »Habt ihr Schiffe gesichtet?« – »Ein Containerschiff auf Gegenkurs, zirka vier Meilen Abstand, ansonsten alles ruhig. Aber die Sicht ist etwas schlechter geworden. Es scheint Nebel aufzuziehen, wir haben das Radar mitlaufen.«

»Irgendwelche sonstigen besonderen Vorkommnisse, Growler oder Eisberge?« – »Auf unserer Wache haben wir nichts bemerkt, aber die Wache vor uns hat offenbar Eis auf dem Radar gesichtet. Ein entsprechender Hinweis ist im Logbuch vermerkt. Ihr müsst also gut Ausschau halten. Ansonsten ist alles ruhig.«

Ein Mann der aufziehenden Wache positioniert sich auf dem Vorschiff, um Ausschau zu halten und den Rudergänger gegebenenfalls rechtzeitig warnen zu können.

▲ Treue Begleiter: Gannets, auf Deutsch Basstölpel, sind elegante Flugkünstler, die das Schiff auch auf hoher See noch eskortieren.

◀ 800 Meilen hat sie im Kielwasser, rund 900 liegen noch vor ihr: die DAGMAR AAEN auf dem Weg von St. John's nach Dingle.

▶ Zwischen Nacht und Tag. Im frühen Morgengrauen steuert der Rudergänger das Schiff hoch am Wind dem Sonnenaufgang entgegen.

▲ Den Südwester auf dem Kopf, den Nordosten im Blick: Skipper Arved Fuchs neben dem Steuerstand.

▲▶ Der Sonnenaufgang rötet die Gesichter. Am Steuer Rolf-Dieter Fröhling, im Zivilberuf Inhaber eines Autohauses, neben ihm Ulrich Weih, Journalist bei einer Online-Redaktion.

▲▶▶ Alle Mann! Segelmanöver unterwegs sind häufig. Beim Reffen wegen drohenden Starkwindes müssen alle mit ran. Im Vordergrund am Mast Hans-Joachim Karpus, pensionierter Fluglotse.

▶▶ Dicke Suppe auf dem Großen Teich. Wo der warme Golfstrom auf den kalten Labradorstrom trifft, bildet sich dichter Nebel. Die rote Backbord- und die grüne Steuerbordlampe verbreiten gespenstisches Licht.

»Okay, wir übernehmen dann.« – »Gute Wache.« – »Gute Ruh!«
Damit begibt sich die abziehende Wache unter Deck.
Während der neue Rudergänger den Blick auf den Kompass geheftet ans Steuerrad tritt und das Schiff auf Kurs hält, überprüft der Wachführer nochmals genau alle Geräte. Zufrieden gestellt mit dem, was er sieht, geht er prüfend über Deck und wendet sich dann seiner Tasse Kaffee zu, die er in einer großen Mug mit an Deck gebracht hat. »Alles ruhig, wunderbare Nacht!« Mit leichter Schräglage rauscht das Schiff, im Großsegel ein Reff, durch die lange Dünung des Atlantiks in die Nacht hinein. Das Reff wird als vorbeugende Sicherheitsmaßnahme zu Beginn einer jeden Nacht eingebunden. Man kann nie wissen! Bei Dunkelheit zu reffen hieße, alle Mann an Deck zu holen. Aber in dieser Nacht ist keine Gefahr im Verzug. Selbst der Nebel hat sich wieder verzogen. Der Sternenhimmel ist atemberaubend und vermittelt das Gefühl, als habe jemand eine Glocke mit einem Sternenpanorama über uns gestülpt. Es ist Neumond, die Sterne scheinen bis zum Horizont zu reichen – in einem 360°-Rundumblick. Wahnsinn, wo gibt es so etwas schon zu sehen? Die Gischt blinkt grün phosphoreszierend, als würden hunderte von Glühwürmchen darin schwimmen. Es ist Plankton, wie wir wissen. Dazu das Knarren und Knarzen des Riggs, das Seufzen des Windes in den Segeln, das leichte Vibrieren des Rumpfes, wenn er sich Bahn durch einen Wellenkamm bricht. Ein Holzschiff ist wie ein lebender Organismus. Wir spüren, ob sich das Schiff wohl fühlt oder nicht – heute Nacht sagt es der Deckswache, dass es besser gar nicht sein könnte. Alle sind zufrieden, aber immer aufmerksam. Schiff und Mannschaft gehen eine Symbiose ein. Es ist dieses Wechselspiel zwischen dem Schiff und seiner Mannschaft, das der Garant für eine sichere Reise ist. »Schiffe«, schreibt Joseph Conrad, »wollen verständnisvoll und mit Erfahrung behandelt werden. Man muss die Geheimnisse ihrer weiblichen Natur begreifen und ihnen rücksichtsvoll entgegenkommen, dann werden sie in dem endlosen Kampf gegen die Gewalten, in dem Niederlage keine Schande ist, treu zu dir stehen. Es ist ein sehr ernstes Verhältnis, das den Mann mit seinem Schiff verbindet. Auch das Schiff hat seine Rechte, so als ob es atmen und sprechen könnte, und es gibt in der Tat Schiffe, die, wie es heißt, für den rechten Mann alles tun, nur nicht sprechen.« Die DAGMAR AAEN ist ein solches Schiff. Das gibt Zuversicht und Vertrauen – beides Eigenschaften, die man auf einer Nordatlantikroute unbedingt braucht.
Wenn die Wache aus zwei oder drei Personen besteht, können einige Segelmanöver von ihnen allein bewältigt werden, etwa das Wechseln eines Vorsegels oder das Fieren und Holen der Schoten. Beim Großsegel verhält es sich anders. Das Setzen, Bergen oder Ref-

fen des Segels erfordert mindestens fünf Personen, bei schlechtem Wetter wird es schnell zu einem All-hands-Manöver. Auf einem rollenden und stampfenden Schiff bei Sturm und Dunkelheit 100 Quadratmeter Segelfläche an einem 12 Meter langen und 600 Kilogramm schweren Baum zu bändigen erfordert eine eingespielte Crew. Einer allein kann hier gar nichts bewirken. Jeder Handgriff muss sitzen, jeder muss jedem bedingungslos vertrauen können – sonst kann es schnell zur Katastrophe kommen. Seemannschaft lautet der Begriff, der das richtige Verhalten umschließt.

Auf einem Törn wie diesem geht gute Seemannschaft eigentlich noch weiter. An Bord sind sieben Menschen, die aufeinander angewiesen sind, die sich aber auch nicht aus dem Weg gehen können. Keiner darf schlechten Schlaf oder schlechte Laune an den anderen auslassen. Die Möglichkeiten zu privatem Rückzug sind – buchstäblich – begrenzt: eine Koje, 1,95 Meter lang, 65 Zentimeter breit und 60 Zentimeter hoch; man kann sie mit Schiebetüren nach außen abschließen, man hat Licht darin, ein paar Bücher, einen CD-Player mit Kopfhörern. Aber wenn man die Schiebetüren öffnet, sind da wieder die vertrauten Gesichter. Man entkommt ihnen nicht. Man kann nicht einfach mal die Tapeten wechseln, andere Menschen sehen, an die Ecke gehen und ein Bier trinken. Man braucht Selbstdisziplin. Man muss sich zurücknehmen können. Man muss teamfähig sein. Die Crew der DAGMAR AAEN ist es.

In dieser Nacht bleibt alles ruhig, an Deck und unter Deck. Die Sternenglocke wird langsam blasser. Im Osten taucht ein leichter Schimmer auf und lässt das Firmament in einem schwachen Violett leuchten. Dann hebt sich die Sonne glutrot aus dem Meer, flutet den Raum mit Licht und bald darauf mit Wärme. Bald wird die neue Wache aufziehen, Zeit um »Wetter« zu machen. Die Seewassertemperatur wird mit einem speziellen Wasserthermometer ermittelt, die Lufttemperatur mittels Schleuderthermometer bestimmt. Ein prüfender Blick zum Barometer – keine Änderung. Windrichtung und Geschwindigkeit werden von den Instrumenten abgelesen. Die Seegangshöhe geschätzt, die Art und Bedeckung der Wolken verzeichnet. Zum Schluss wird die aktuelle Position ins Logbuch eingetragen und die während der letzten vier Stunden zurückgelegte Distanz ermittelt. Es sind 24 Seemeilen – ein Schnitt von 6 Knoten – das ist ganz passabel. Mit einem zufriedenen Grunzen quittiert der Wachführer das Resultat. Ein verstohlenes Gähnen, ein letzter Kontrollgang über Deck, die Öfen kontrollieren und dann die neue Wache wecken: »Rise, rise, time to get up!« Dieser uralte Ruf, der Seeleuten in Fleisch und Blut übergegangen ist und sie aus den tiefsten Träumen herausholt. Ein neuer Tag ist angebrochen.

Briefaufzeichnungen von Peter Fleischer für seine Eltern:

31. Juli
Ihr Lieben,
wir haben Kanada verlassen. Noch im Hafen von St. John's haben wir das Großsegel gesetzt und dabei festgestellt, dass es einen kleinen Riss hat. In Windeseile habe ich das dann mit Ulli repariert, es regnete in Strömen. Die Ausfahrt durch die Narrows (Enge) war grandios, genau in dem Augenblick hörte der Regen auf und die Sonne kam durch. Schnell waren Fock, Klüver und Flieger aufgeheißt. Die Küste mit ihren Felsen und dem großen Leuchtturm sah fantastisch aus, Wolkenfetzen zwischen den Klippen, hier und da ein Wal und viele Delfine. Wir stießen mit einem kleinen Glas Rum an, umarmten uns und gingen auf Kurs Richtung Europa, 90 Grad rechtweisend, direkt nach Osten.

▾ Backen und Banken: Zum Frühstück tischt Smut Raimer Fuhlendorf frisch gebratene Spiegeleier auf – »sunny side up«.

▲ Backe, backe Roggenbrot: Ulrich Weih und Beke Tietz bereiten den Teig für das tägliche Brot.

1. August
Auf meiner Wache von 0 bis 4 Uhr ist es stockdunkel, außerdem regnet es immer wieder wie aus Eimern, also null Sicht. Deswegen habe ich ständig das Radar an und unsere Transas, die elektronische Seekarte. Auf ihr sehe ich alle Schiffe mit AIS (Automatisches Identifikationssystem), und die sehen uns auch. Ich kann erkennen, woher sie kommen, wohin sie fahren, wie groß sie sind, welchen Tiefgang sie haben, um welche Art Schiff es sich handelt und sogar die voraussichtliche Ankunftszeit. Heute hat uns zum Beispiel mit 20 Knoten Fahrt die Rotterdam Express *überholt, ein 294 Meter langer Containerfrachter von Hapag Lloyd auf dem Weg von New York nach Rotterdam. Seine Estimated Time of Arrival ist in fünf Tagen um 7 Uhr morgens. Wir sind 270 Meter kürzer und etwas langsamer und können den vermutlichen Zeitpunkt unserer Ankunft nicht so genau voraussagen. Ich bin froh, wenn wir in zwei Wochen Irland erreichen.*

4. August
Als ich letzte Nacht die Wache übernahm, entdeckte ich auf dem Radarschirm etwas, genau 3,5 Meilen an Backbord voraus. Die Sicht war unter einer halben Meile, wir liefen unter Segeln, der Wind kam mit zirka 26 Knoten von Steuerbord, das heißt, wir hatten beträchtliche Krängung nach Backbord, unsere Geschwindigkeit betrug zirka sieben Knoten. Zu dem Radarziel bestand eine konstante Peilung. Ich änderte den Kurs leicht nach Steuerbord, und das, was auf dem Radar war, wanderte langsam aus. Aber was war es? Und dann baute sich noch etwas auf, genau auf unserer Kurslinie, nicht so deutlich wie das vorher, aber da war etwas. Verdammt, dachte ich, wenn das zuerst gesehene Ziel ein Eisberg war, dann könnte das ein Growler sein, ein Trümmerstück aus Eis, tonnenschwer,

▲ Klar Schiff: Allmorgendliches Ritual, Peter Fleischer wäscht das Holzdeck, um es vor Austrocknung zu schützen.

▶ Wettercheck: Skipper Arved Fuchs ruft per Satellit die aktuellen Wind- und Wettermeldungen ab.

das nur knapp über die Wasseroberfläche ragt. Wenn wir da draufbrummen, dann war's das. Die Sicht war null, und es regnete stark. Wie weiter? Ich habe Arved geweckt, er sollte entscheiden. Wir haben dann die Fahrt aus dem Schiff genommen und eine Lücke zwischen den Radarobjekten gesucht. Gesehen, was es war, haben wir nicht, aber passiert ist uns auch nichts.

5. August
Letzte Nacht goss es wieder so, dass der Kaffee in der Tasse immer dünner wurde. Das Radar war clean, trotzdem war es hochinteressant. Wir fuhren über das Flamish Cap, ein unterseeisches Hochgebirge. Die geringste Wassertiefe beträgt hier 126 Meter, demnächst fällt sie wieder auf mehr als 4600 Meter ab, etwas weiter südlich sind es sogar mehr als 5000 Meter. Es ist ungefähr so, als ob die Alpen unter Wasser wären und wir gerade mit Kurs auf Flensburg über das Matterhorn segelten.

8. August
Wenn meine Nachtwache um 4 Uhr morgens endet, gehe ich in die Koje, werde von Beke um 8:30 geweckt, bekomme einen starken Kaffee, mache dann das Wetter und frühstücke anschließend. Heute ist Donnerstag, also Seemannssonntag. Aus diesem Anlass habe ich einen Kuchen gebacken, und der geht so:

1 Packung Trockenhefe, 1 EL Zucker und 4 EL warme Milch verrühren und gehen lassen. 300 ml Milch erwärmen und ca. 150 g Butter darin schmelzen lassen, dann mit 500 g Mehl, 60 g Zucker und einer Prise Salz verrühren. Alles zusammenmengen und noch einmal gehen lassen. Dann den Teig ausrollen und wahlweise mit Marmelade oder Honig bestreichen. Zusammenrollen und die Rolle in 2–3 cm dicke Scheiben schneiden. Die Scheiben auf ein Blech mit Backpapier (leicht einmehlen) legen, sodass sie sich nicht berühren. Man kann in die Mitte der Scheiben etwas verquirltes Eigelb oder Butter geben. Bei 200 Grad 10 bis 20 Minuten backen.

Gelingt immer und muss am gleichen Tag gegessen werden.

Eigentlich bin ich fürs Mittagessen zuständig. Heute habe ich Cervelatwurst geschnitten, mit Roggenmehl und Ei paniert und gebraten. Dazu gab's Kartoffeln und Butterbohnen

mit Speck, gewürzt mit Thymian und Pfeffer. War supergut. Gestern habe ich Bauernfrühstück zubereitet. Das Kochen macht Spaß, aber es ist schwierig, bei den Schiffsbewegungen mit heißen Pfannen und Töpfen zu hantieren, immer besteht die Gefahr, dass was runterfliegt, rausschwappt, verbrennt usw.
Wenn meine Nachmittagswache von 12 bis 16 Uhr vorbei ist, sitze ich, wenn das Wetter schön ist, gern an Deck. Heute saß ich auf der Steuerbordseite am Mast, lehnte mich an das aufgeschossene Klaufall und war im Begriff, mir eine Pfeife zu stopfen. Arved sah mich, bekam auch Appetit auf eine Pfeife und verschwand im Vorschiff, um seine Tabakutensilien zu holen. In dem Moment klatschte eine große Welle an die Steuerbordwand, schoss empor und krachte in voller Schiffslänge auf das Deck. Ich bekam sie voll ab und war komplett nass. Arved lugte fragend aus dem Niedergang und brach in herzhaftes Gelächter aus, als er mich triefend fluchen sah. Zum Glück hatte ich in der halben Sekunde Reaktionszeit, bevor die Welle niederstürzte, mein Pfeifenetui noch zuklappen können, sodass ich jetzt in aller Ruhe meine Pfeife stopfen konnte. Sie brannte hervorragend.

10. August
Gestern schwamm ein Finnwal neben uns, nach dem Blauwal das zweitgrößte Tier der Erde. Er war fast genauso lang wie das Schiff, blieb lange an unserer Seite und kam sogar bis auf drei Meter heran. Rolf-Dieter, der an der Reling stand, hat seinen Blas abbekommen. Die Nacht darauf war grandios. Als ich um 0 Uhr zu meiner Wache an Deck kam, war der Himmel wolkenlos und die See spiegelglatt. Es schien kein Mond, aber die Sterne leuchteten bis zum Horizont und spiegelten sich im Wasser. Immer wieder zuckten Sternschnuppen über den Himmel, und dazu kamen noch phosphoreszierende Algen, die mit unserer Bugwelle aufgewirbelt wurden und das Wasser zum Leuchten brachten. Manchmal ist es wirklich unbeschreiblich.

11. August
Bisher lief alles so gut, aber jetzt hat es uns erwischt. Gegenwind! Und zwar kräftig. Es sind keine 300 Meilen mehr bis Dingle, unserem Zielhafen in Irland, aber wir quälen uns unter Maschine nur noch mit 0,2 bis 3,5 Knoten in Richtung Osten. Schöne Sch… Wir müssen Fahrt aus dem Schiff nehmen, damit wir nicht mit zu viel Speed in die Wellen-

▲ Schöpfen für die Wetterfrösche; Volker Wenzel misst die Temperatur des Seewassers. Dreimal täglich werden von Bord aus Wetterdaten ans Seewetteramt nach Hamburg übermittelt.

◀ Wer gut schmeert, der gut fährt: Ulrich Weih schmiert den Block der Backstagtalje.

◄ Die Freiheit des Atlantiks: Wasser und Wellen bis zum Horizont.

▲ Sundowner XL. Nirgendwo sind Sonnenuntergänge so spektakulär wie auf dem nördlichen Atlantik. Es dauert unendlich lange, bis auch die allerletzte Glut hinter der fernen Kimm verlischt.

täler rasen, denn dann taucht der Klüverbaum mit den eingepackten Segeln tief in die See und schaufelt jedes Mal gut eine Tonne Wasser nach hinten auf Deck. So stampfen wir gemächlich dahin, starren in die Finsternis, essen Schokolade und trinken Kaffee.

14. August
Noch 50 Meilen bis Dingle!! Es ist 22:15 Uhr, Samstagabend, ich sitze in der Messe und höre »La Paloma«. Alle sind aufgeregt. Um 0 Uhr beginnt meine Wache und damit auch die Ansteuerung. Es ist mit Fischerbooten zu rechnen, also Radar beachten und Vorschiffsausguck besetzen. Tagsüber war heute eine ganze Herde Delfine um uns herum, auch nachts sieht man sie noch. Sie springen bis zu zwei Meter hoch aus dem Wasser und drängeln sich regelrecht vor dem Bug des Schiffes. Jeder will ganz dicht am Steven sein, direkt unter dem Klüvernetz. Lustig ist das. Morgen sind wir wieder an Land. La paloma, ohe!

Dingle

▲ Happy Hour. Der erste Landgang nach der Atlantik-Überquerung endet bei Guinness und Kilkenny im Pub.

▸ Folk-Session. Jeden Abend greift der Wirt in O'Flahertys Pub zur Klampfe und singt irische Klassiker.

Der Landfall führt an schroffen Küstenlinien entlang, hohen schwarzen Klippen, zerhauen und zernagt vom ewigen Ansturm der grauen Wogen des Atlantiks. Sie flankieren die lang gezogene Dingle Bay, an deren Ende ein geschützter Hafen liegt. Land! Wieder Boden unter den Füßen, der sich nicht bewegt, Steine, Häuser, Autos, frisches Obst, das erste Bier. Das ist selbstverständlich ein Guinness. Wir sind schließlich in Irland, da, wo es besonders irisch ist.

Dingle: eine Pier mit Fischtrawlern, eine Marina mit guten Liegeplätzen, gewundene Gassen mit bunten Häusern in allen Farben Irlands, Woll- und Souvenirshops, Fish and Chips und O'Flahertys Pub in der Bridge-Street, wo sich allabendlich die verschworene Gemeinschaft der Freunde des schwarzen Bieres und der Folklore versammelt und darauf wartet, dass Fergus, der Chef, zu Banjo oder Ziehharmonika greift und den »Wild Rover« anstimmt. Noch vor 40 Jahren war Dingle, so ein Reporter der britischen Tageszeitung »The Independent«, »a depressing place«: abgelegen, zurückgeblieben, ohne Arbeitsplätze, ohne Perspektive. Aber gerade seine Abgeschiedenheit und Rückständigkeit machten den kleinen Ort dann attraktiv, als Regisseur David Lean für sein Filmepos »Ryans Tochter« einen passenden Schauplatz suchte. Ein halbes Jahr lang wurde in Dingle gedreht. Als der Film 1970 in die Kinos kam, setzte er den kleinen Hafenort auf die touristische Landkarte. Aber noch waren es Individualisten, die es in den äußersten Südwesten Irlands zog. Doch dann kam Funghi, und Dingle wurde Lourdes.

Es war im Frühjahr 1983, als John O'Connor, der ein Haus an der Bay besitzt, beim Schwimmen mit seiner Tochter in der Nähe einen Delfin beobachtete. Nichts Ungewöhnliches eigentlich, Delfine tummeln sich oft in der Bucht, manchmal eine ganze Herde. Dieses Tier aber war besonders zutraulich, es näherte sich den Schwimmern, als wollte es mit ihnen spielen, und blieb bei ihnen, bis sie wieder aus dem Wasser stiegen; und das Beste: Es kam am nächsten Tag wieder und am darauf folgenden auch und am dritten wieder, und so blieb es. Unzweifelhaft immer derselbe Delfin, erkennbar an einer kleinen Verletzung, einer pilzförmigen Delle an der Rückenfinne, die ihm den Spitznamen Funghi eintrug. Seit 27 Jahren lebt Funghi nun schon in der Bucht von Dingle, ein touristischer Magnet und der wichtigste Wirtschaftsfaktor der Stadt. Schon am frühen Morgen kommen die ersten Busse, voll von Neugierigen, aber auch von Mühseligen und Beladenen, chronisch Kranken, Krebspatienten, Kindern aus Tschernobyl, sie steigen um in Boote, fahren hinaus und warten; bis er sich zeigt, in die Luft springt, zum gemeinsamen Schwimmen lockt und seine magischen Kräfte wirken lässt. Denn das glauben all diese Wallfahrer felsenfest: dass der Tümmler ein schwimmender Therapeut ist. Dass Funghi heilt.

Auch Tina Fröhlich glaubt das, nein, sie weiß es. »Die Kraft, die er mir gibt, ist enorm.« Und es ist ihr egal, »dass es Leute gibt, die darüber lachen«. 1971 ist die Fotografin zum ersten Mal nach Dingle gekommen, als 15-Jährige mit ihren Eltern in den Sommerferien. Ihr Vater

▲ **Doors of Dingle. Aus einem verschlafenen Fischerdorf ist ein buntes Ziel für Touristen geworden.**

▶ **Vom Atlantik geformt: Seit Jahrmillionen branden die Wellen des Ozeans gegen die irische Westküste.**

▲ Trockengefallen. Der kleine Fischkutter an der Bay von Dingle ist nach einer irischen Sagengestalt benannt.

▸ Mit allen Wassern gewaschen. Bei Windstärke 8 pflügt die DAGMAR AAEN durch fünf bis sechs Meter hohe Wellen vor der irischen Westküste.

war Mittelschullehrer im schleswig-holsteinischen Friedrichstadt, der Urlaubsetat war schmal, Irland war billig. Dingle war schön und gefiel ihr so gut, dass sie wiederkam. 1991 beschloss sie, hier zu leben. Sie kaufte ein kleines verwunschenes Haus mit Blick aufs Meer ein paar Kilometer weg vom Ort; eine drei Meter hohe Fuchsienhecke umgibt den Garten, in dem Palmen stehen, gewaltige Hortensienbüsche wachsen und Clematis wuchert. Eine perfekte Idylle. Tina arbeitete als Fotografin, werkelte in ihrem Garten, zog zwei Söhne auf und fuhr ab und zu hinaus zu Funghi, der ihr manchmal seine hornige Schnauze in die Hand legte oder einen Aal zum Geschenk machte.

Das Glück endete jäh, als die Deutsche im Dezember 2009 eine bittere Diagnose bekam: Brustkrebs. »Funghi, jetzt brauche ich dich«, dachte sie und fuhr noch am gleichen Tag zu ihm hinaus in die Bucht. »Er hat mir über die schlimmste Zeit hinweggeholfen, er hat mir wieder Kraft gegeben, Zuversicht und Lebensmut.« Später hat die BBC eine Fernsehdokumentation über Funghi gedreht, und der Reporter wollte ihr unbedingt die Formulierung in den Mund legen, die Begegnung mit dem Delfin sei »wie eine Begegnung mit Gott« gewesen. Tina weigerte sich. »Es stimmte ja nicht.« Gleichzeitig aber betont sie: »Was ich mit Funghi erlebt habe – wahnsinnig!« Ihre Haare sind noch sehr kurz, aber sie wachsen wieder, die Chemotherapie liegt hinter ihr, die Krankheit ist überwunden. Und Funghi, das ist für sie klar, gehört zu denen, die ihr dabei geholfen haben.

Der Delfin kam punktgenau zu dem Zeitpunkt, als es auch in Dingle mit der Fischerei bergab ging; wie ein Mahnmal liegt vor der Hafeneinfahrt auf den Uferfelsen das Wrack eines großen Fischkutters, die eisernen Spanten halb verrostet, zwischen den Planken des Decks wächst das Gras. Der Besitzer, der ein kleineres Fahrzeug gegen das große Schiff eingetauscht hatte, steuerte auf der Heimfahrt gleich nach einer der ersten Fangreisen bei schlechter Sicht zu dicht unter Land, fuhr gegen einen Felsen und verlor seinen Kiel. Seit 25 Jahren liegt das Wrack jetzt hoch und trocken über dem Spülsaum, die Reparatur lohnte nicht mehr.

Aber als die Fische gingen, kam Funghi. Ein Geschenk des Meeres wie des Himmels. Er hat Dingle wohlhabend gemacht, ganz ohne Finanzzockerei und Immobilienblase. Elf, zwölf Boote fahren jeden Tag zu ihm hinaus, an manchen Sommertagen hat der Delfin sogar bis zu 1000 Besucher; die Pubs sind danach voll, und die grob gestrickten Pullover in den Textilshops finden reißenden Absatz. Doch das wahre Wunder in diesem »Wunder von Dingle« ist, dass das Geld den Ort zwar veränderte, aber nicht spaltete. Neid, Missgunst, rabiate Konkurrenz um das Geld der Touristen sind selten. »Die Menschen sind sehr liebenswürdig geblieben«, sagt Tina Fröhlich, »die Gemeinschaft ist stabil, das Zusammengehörigkeitgefühl stark.« Sie will auf jeden Fall bleiben in Dingle. Auch Funghis wegen. Er hat eben doch magische Kräfte.

YAMAHA

Sturmfahrt nach Inishkea

Es ist auf der Höhe der Galway Bay morgens gegen drei, als der Atlantik zeigt, was er seinem Ruf schuldet. Die letzten Wochen war der Ozean wie ein schläfriger alter Kater gewesen, sanft und leise, die Krallen eingezogen. Jetzt zeigt ein Tiger seine Zähne. Das nächtliche Meer wird erst unruhig, dann sehr schnell aufbrausend und plötzlich weiß vor Wut. Schaumkronen überall, und der heulende Wind reißt die salzige Gischt von den Wellenkämmen und peitscht sie ins Gesicht.

Als wir den Hafen von Dingle am Vormittag verlassen haben, waren 6 Beaufort vorausgesagt. Mindestens 8 sind es jetzt, in Böen 9 bis 10. Sturm. Er rast durch die Wanten, rüttelt an den Stagen, reißt an Fallen und Schoten. Trotz zwei Reffs im Großsegel legt sich die Dagmar Aaen beängstigend auf die Seite, in Kaskaden sprudelt Seewasser über die niedrige Schanz. Es hilft nichts, das Großsegel muss runter. Herkulesarbeit auf dem nassen, stampfenden, immer wieder von Böen geschüttelten Schiff. Auch die Fock muss geborgen werden. Die beiden größeren Vorsegel sind schon unten und sorgfältig festgezurrt. Nur eine kleine

▼ Stille nach dem Sturm. Geschützt vor Wind und Wellen liegt die Dagmar Aaen in einer Bucht auf der Leeseite von Inishkea.

▶ Leere, wo früher Leben war. Seit dem Sturm von 1927, der zwölf junge Fischer das Leben kostete, sind Bucht und Strand von Inishkea verwaist.

Uralte Tradition: Eine kleine Flotille ist nach Inishkea gekommen, um die einjährigen Schafe aufs Festland zu bringen.

Verfrachtet. Männer packen die Lämmer und schleppen sie zu den wartenden Ruderbooten.

rote Sturmfock bleibt gesetzt, mehr Stützsegel gegen das Schaukeln als Triebwerk. Vorbei mit Segeln. Der Diesel wird gestartet, und 180 PS schieben das schwer arbeitende Schiff durch die Wellenberge, die sich jetzt zu fünf, sechs Meter Höhe auftürmen. Überall Wasser. Es donnert in Sturzbächen an Deck, gurgelt durch die Speigatts, bringt den Rudergänger zu Fall, schießt in der Hose des Ölzeugs plötzlich hoch bis zum Knie und läuft von oben in die Seestiefel. Nur an den vorsorglich angebrachten Strecktauen kann man sich noch von vorn nach achtern und zurück hangeln.

Man muss eigentlich keine Angst haben auf der Dagmar Aaen. Das Schiff ist robust und hat sich schon auf unterschiedlichsten Expeditionen in Orkan, Eis und Flaute bewährt. Aber Mast und Takelage sind schwer, ihr Gewicht verstärkt das Schaukeln, und der Sturm zerrt nicht nur am Rigg, sondern auch an den Nerven. Die Geräusche unter Deck sind beängstigend. Verbände, Blöcke, Taljen knarren, knarzen, kreischen, stöhnen, wimmern, Tassen und

Teller klirren und scheppern, Brecher krachen gegen den Rumpf wie Rammstöße. Wer sein Ölzeug an- oder auszieht, leistet kraftraubende Schwerstarbeit, wer sich ein Brot machen will, muss die Fähigkeit beherrschen, gleichzeitig Messer, Brot, Butter sowie sich selbst festzuhalten und dabei noch zu schneiden und zu schmieren; und wer auf dem Klo sitzt, ist dort nur so lange ungefährdet, wie er sich links und rechts mit beiden Händen festklammert, sobald er aber zur Papierrolle greift, kracht er gegen die Wand. Jede Bewegung, schon schieres Sitzen ist Kampf. Wer kann, kriecht in seine Koje und verkeilt sich dort. Nur die zwei, die Wache haben, bleiben an Deck.

Das fahlgraue Licht des Morgens erhellt einen Sturmhimmel voll jagender Wolken und düsterer Pracht. Und der Wetterbericht verheißt keine Besserung. »Gale Warning 8«, Windgeschwindigkeiten von 17 bis 21 Metern pro Sekunde für den ganzen kommenden Tag. Stunde um Stunde dauern Schaukeln und Schlingern, Rollen und Stampfen. Man weiß jetzt wieder,

▲ **Die Besitzer haben ihre Tiere mit unterschiedlichen Farben markiert. Nachdem sie von Hütehunden zusammengetrieben wurden, warten die Lämmer in einem provisorischen Pferch auf ihren Abtransport.**

▲ Sturmfront voraus! Vorsichtshalber sind die Vorsegel der DAGMAR AAEN schon geborgen.

▶ Stumme Zeugen einer Tragödie. Die verfallenen Mauern auf Inishkea sind die Überbleibsel einer einst lebendigen Dorfgemeinschaft.

weshalb für die Angelsachsen, die an diesem Meer leben, die beiden Worte haven und heaven – Hafen und Himmel – so eng verwandt sind. Doch es gibt weit und breit keinen Hafen für uns. Die einzige Zuflucht bietet eine Bucht hinter zwei unbewohnten kleinen Inseln, Inishkea Nord und Süd. Am Abend fällt dort unser Anker. Endlich Schutz, Ruhe, nur noch sanfte Wellen, abtropfendes Ölzeug und Kartoffel-Möhren-Stampf mit Hacksteak. Wir sitzen an Deck, kauen und schauen hinüber zum Ufer. Am Fuß eines flachen Hügels erkennt man die Ruinen flacher Häuser.
Am anderen Morgen, der Wind hat etwas abgeflaut, fahren wir mit dem Schlauchboot an Land. Es ist die südliche der beiden Inseln, vielleicht zwei Quadratkilometer groß. Der Sturm hat jeden Fetzen Dunst vertrieben, und die Luft ist kristallklar. Als wir in den Windschatten des Hügels kommen, herrscht plötzlich unwirkliche Stille. Das Robinson-Gefühl: Man betritt ein unbewohntes Eiland. Keine Menschenseele, nur gleichmütige Schafe und aufgeregte Seevögel. Die Hänge des flachen Hügels bedecken kurz gefressenes Heidekraut, spärliches Gras und Gänseblümchen, auf der Spitze steht ein wuchtiges weißes Seezeichen. Darunter, um eine kleine sandige Bucht geschart, Hausgerippe wie leere, an Land geworfene Muschelschalen. Ein Rätsel der Sandbank: Warum wurden die Häuser verlassen? Es gibt genug Süßwasser auf der Insel, die Schafe sehen gut genährt aus, und die See hier gilt als fischreich – gingen die Menschen freiwillig? Wurden sie gezwungen? Wovon?
Wir sind schon wieder am Strand, als sich Boote nähern. Zwei kleine Motortrawler und zwei Curaghs, klobige Ruderboote, wie sie an der ganzen irischen Westküste zum Fischfang genutzt wurden, ursprünglich aus einem Holzgerippe bestehend, das mit Tierfellen überzogen war, weil es kaum Bäume und kein Holz für Planken gab; heute bildet meist Fiberglas die Außenhaut. Die Männer an Bord sind keine Fischer. Sie holen die im Frühjahr geborenen

Lämmer von der Insel. Archaische Bilder, wie sie die Herde zusammentreiben und dann Tier für Tier packen und in die schwarzen Boote verfrachten. Die Ruinen? Einer der Männer, breit und unrasiert, schiebt seine Mütze vom Kopf und erzählt. 1927 geschah es, in einer ruhigen Oktobernacht; alle Curaghs der Insel waren draußen zum Makrelenfang, als schlagartig ein so plötzlicher Wetterumschwung erfolgte, dass ihn selbst die erfahrenen Inselbewohner zu spät bemerkten; nur wenige in den Booten schafften es noch, rechtzeitig an Land zu rudern, die anderen wurden auf See erwischt, der Orkan faltete ihre Curaghs zusammen wie Papierschiffchen, zwölf Männer kamen nicht mehr nach Hause. Und die Siedlung wurde bald darauf aufgegeben.

Irlands großer Dramatiker John M. Synge lebte um die Wende zum 20. Jahrhundert eine Zeit lang auf den kleinen Araninseln vor der irischen Westküste. In seinen Aufzeichnungen beschreibt er einen wütenden Herbststurm, den er dort erlebte: »Ich bin über die Klippen gewandert, bis meine Haare vom Salz ganz steif waren. Riesige Gischtfontänen schossen vom Fuß der Klippenwände in die Höhe, und hin und wieder fuhr der Wind hinein und wirbelte sie landeinwärts, sodass sie erst in einiger Entfernung vom Ufer niederstürzten. Wenn solche Wassermassen auf mich fielen, musste ich mich einen Augenblick niederkauern und war von einem Hagel weißen Schaums umgeben und geblendet. Die Wogen waren so überwältigend, dass ich mich, wenn ich eine besonders hohe auf mich zukommen sah, unwillkürlich umdrehte, um mich zu verstecken. Nach ein paar Stunden sind die Sinne von dem ewig wechselnden Ringen des Meeres betäubt, und statt der anfänglichen Begeisterung wird man von tiefer Verzagtheit gepackt.« Synge berichtet auch von seinem Gespräch mit einem alten Mann auf der Insel, der ihm Folgendes sagte: »Ein Mann, der sich vor dem Meer nicht fürchtet, wird bald einmal ertrinken, denn er wird an einem Tag ausfahren, an dem er es nicht tun sollte. Wir aber fürchten uns vor der See, und deshalb ertrinken wir nur hin und wieder.«

Tory Island

▲ Man spricht Gälisch: Nur mit Fremden verständigen sich die Inselbewohner auf Englisch.

▶ Relikt aus dem Mittelalter. Zwischen den kleinen Häusern des Hafenortes ragt der fast 13 Meter hohe Glockenturm einer ehemaligen Klosteranlage empor.

▶▶ Audienz beim König. Patsy Dan Rogers, Maler, Musiker und »König« von Tory Island, präsentiert sich und seine Werke im inseleigenen Museum.

▶▶▶ Bollwerk gegen See und Zeit. Die schroffen Felsen der Küste haben Fremde und Feinde der Insulaner über Jahrhunderte wirkungsvoll abgeschreckt.

Recht voraus zuckt ein schwaches Licht über das Wasser, kaum sichtbar im Dunst, dann ein weiterer Blitz, deutlicher, dann wird eine Reihenfolge erkennbar: die Kennung des Leuchtturms von Tory Island, dem äußersten nördlichen Vorposten der Irischen Republik, zwölf Kilometer vor der Küste von Donegal gelegen, dem nordwestlichsten bewohnten Punkt Europas. Dunkelgrau und grün schälen sich die Konturen der Insel aus den Wellen, spektakuläre Klippen, zerklüftet und zerschlagen vom ewigen Ansturm des Ozeans, dahinter baumlose Ödnis, dann ein paar flache weiße Häuser, endlich eine kurze graue Mole und ein Hafen, der diesen Namen nicht verdient.

Er ist so klein, dass wir warten müssen, bis die Fähre ausgelaufen ist, um festmachen zu können. Die knappen Liegemöglichkeiten teilen wir uns mit drei anderen Booten. Ein paar weitere aus Holz liegen an Land und verrotten. Die Fischerei auf der Insel ist vollständig, der Kartoffelanbau fast zum Erliegen gekommen. Geld, wenig, bringen die seltenen Touristen, die sich auf das abgelegene Eiland verirren, und, mehr, die Subventionen der irischen Regierung. Vor 150 Jahren ernährte die Insel rund 400 Einwohner, heute sind es noch knapp 150. Bei ihnen ist die Cyber-Zeit nie angekommen. Das Leben ist langsam und einfach, die Häuser sind niedrig, die Zimmer klein. Jeder Anflug von Luxus ist unbekannt. Aber ist das Leben deswegen arm?

Vor 40 Jahren wollte die Regierung aus Tory Island eine Gefängnisinsel machen, ein irisches Alcatraz; den Bewohnern wurden großzügige Ersatzunterkünfte auf der irischen Hauptinsel angeboten, inklusive Strom, fließendem Wasser und Kanalisation, die sie bis dahin nicht hatten. Doch sie verweigerten den Umzug und krallten sich mit Händen und Füßen an

▲ Der König spielt auf. Einen Pub gibt es auf der Insel nicht, zu Guinness vom Fass und den musikalischen Darbietungen von König Patsy trifft man sich im »Social Club«.

▶ Die »Königin des Friedens« ruht wahrscheinlich für immer an Land. Auch auf Tory Island ist die Fischerei zusammengebrochen.

▶▶ Blick auf den nordwestlichsten besiedelten Punkt Europas. Das nächste Land hinter dem Leuchtturm von Tory Island ist Neufundland – rund 1700 Seemeilen entfernt.

ihr abgelegenes Felsennest, das bei anhaltenden Winterstürmen manchmal tagelang nicht angelaufen werden kann.

Die Insulaner, die noch mehrheitlich Gälisch sprechen, sind misstrauisch und eigensinnig, und das nicht ohne Grund; sie haben ihr Eiland im Laufe seiner wechselvollen Geschichte auch immer wieder als ein Bollwerk gegen Bedrohungen von außen erlebt. Gegen die Kartoffelfäule zum Beispiel, die im 19. Jahrhundert Irland in schwere Hungersnöte stürzte, die aber Tory Island nicht erreichte, weil die Überträger der Pflanzenpest nicht so weit übers Meer flogen; oder gegen das britische Kanonenboot HMS WASP, das 1884 Steuereintreiber auf die Insel bringen sollte, weil deren Bewohner schon seit zwölf Jahren keine Abgaben mehr gezahlt hatten, das aber an den Westklippen der Insel scheiterte, wobei 52 Männer ums Leben kamen.

Heute kümmert sich eine Kooperative der Bewohner um die Belange der Insel und ein nach alter Tradition gewählter »König« um ihre Identität nach innen und die Repräsentanz nach außen. Tory Island ist eine Monarchie – die einzige Irlands, und der Monarch führt an seinem klapprigen Peugeot 205 das Kennzeichen »King of Tory«. Unser Schiff liegt noch keine halbe Stunde im Hafen, als er vorfährt, an Bord kommt und sich nicht lange zu einem Whisky nötigen lässt: Patsy Dan Rodgers, ein 67-jähriger Geschichtenerzähler, Musiker und naiver Maler mit schiefer Schiffermütze auf dem Kopf und zwei blitzenden Ringen im rechten Ohrläppchen. Er ist eine Instanz auf der Insel, organisiert, kooperiert, arrangiert, histori-

siert, schlichtet, plaudert und versucht, jeden Besucher der Insel persönlich zu begrüßen und in sein »Museum« mit den naiven Bildern malender Insulaner zu lotsen.

König Patsys Reich ist klein. Die einzige Straße führt vom Hafen anderthalb Kilometer nach links und drei Kilometer nach rechts, quer durch Gras, Heidekraut und Felsen. Es gibt keinen Baum und kein Obst, nur Steine und wilde Kaninchen, Wasser und Wind. Es gibt einen kleinen Laden, kein Kino, kein Internetcafé, nicht einmal einen Pub; aber da fanden die Insulaner eine Lösung, sie gründeten einen Social Club mit kleiner Bühne, Poolbillard und selbstverständlich Guinness vom Fass.

Es ist Sonntag, und der König hat seinen Auftritt heute etwas später, weil er vorher noch zum Abendgottesdienst in die Kirche muss. Es ist schon 22:30 Uhr, als er endlich sein Schifferklavier auspackt und loslegt. Er spielt und singt traditionelle Songs der Insel und stampft den schnellen Takt dazu mit beiden Lederstiefeln auf die Dielen. Ein Song folgt dem nächsten, ein Whisky dem anderen, und Patsys gute Laune ist ebenso unverkennbar wie die seines Publikums, jüngere und ältere Leute, alle das schwarze Bierglas vor sich und den Takt der Musik mitwippend. Es ist Mitternacht, als der König die letzte Melodie spielt: »Muss i denn, muss i denn zum Städtele hinaus ...« Ein Lied, das er von Elvis Presley kennt. Und dann stehen alle auf, winken sich zu und gehen hinaus in die frische salzwinddurchwehte Nacht, durch die der Leuchtturm seine Blitze zucken lässt, gehen die paar Schritte bis zu ihren kleinen Häusern – und noch einmal fragt man sich: Sind sie arm?

◂ Der Inselhafen ist so winzig, dass die DAGMAR AAEN an der Fähre festmachen muss.

◂▾ Hoher Besuch. König Patsy lässt sich an Bord der DAGMAR AAEN nicht lange zu einem Whisky nötigen.

◂▾ Der alte Glockenturm dient heute den Möwen als sicherer Ruheplatz.

▲ Café Seeblick – nahezu alle Häuser von Tory Island haben einen freien Blick auf das Meer. Man möchte schon morgens rechtzeitig sehen, wer nachmittags zu Besuch kommt.

Die glücklichen Engel von Islay

Wieder ist ein Sturmtief hinter uns her. Ein Wetterwechsel, der zu Hause Tage dauert, vollzieht sich hier in Stunden. »Das Wetter gefällt Ihnen nicht? Dann warten Sie doch ein paar Minuten!« Dieser ruppige Ratschlag passt überall, wo der Nordatlantik auf Land trifft.
Sehr früh am Morgen und sehr hastig haben wir den Hafen verlassen, vor uns liegen 70 Meilen offene See bis Islay, unserem ersten Ziel in Schottland. Der Wetterbericht hat gewarnt, aber wir rechnen uns eine Chance aus, noch vor dem Sturm anzukommen. Wer wird schneller sein? Es ist ein seltsames Gefühl, beim Blick über die Schulter diese gewaltige schwarze Wand zu sehen, die sich hinter uns aufbaut. Und vor sich her schiebt, unsichtbar, diese

Wand eine Windwalze, die die Segel immer praller füllt und die See immer stärker anschwellen lässt.

Je höher die Wellen, desto eleganter wirkt der Flug der großen cremefarbenen Seevögel, die selbst zwischen brechenden Wogen noch tief in die Wellentäler tauchen, mit einer kurzen Drehung pfeilschnell wieder aufsteigen, neugierig unser Schiff umkreisen und abdrehen. Aus der Nähe kann man die schöne schwarzblaue Zeichnung ihres langen Schnabels erkennen. Gannets heißen sie auf Englisch, Basstölpel auf Deutsch – wer hat den Segelkünstlern diesen idiotischen Namen verpasst?

▼ **Wallfahrtsort für Whisky-Liebhaber. In Port Ellen auf Islay können sie sich entscheiden, in welche Destillerie sie zuerst wollen.**

▸ **Heimat der glücklichen Engel. Auf der Hebrideninsel Islay werden jedes Jahr 25 Millionen Liter Malt Whisky abgefüllt – ein beachtlicher Teil davon verdunstet und wird zu »Angel Share«, dem Anteil für die Engel.**

▲ Wo aus Gerste flüssiges Gold wird. In der Brennerei von Bruichladdich wird das in dem kupfernen Brennkessel gewonnene Destillat wie vor 100 Jahren weiterverarbeitet.

▶ Das Allerheiligste: In alten Wein-, Sherry- und Bourbonfässern reift der Whisky mindestens zehn Jahre. Die Lagerung in den unterschiedlichen Fässern gibt dem hochprozentigen Gerstensaft die jeweils besondere Geschmacksnote und Farbe.

Das Tief holt auf. Aber es holt uns nicht ein. Nach zwölf Stunden, es ist schon dunkel, sehen wir endlich die grün blinkende Fahrwassertonne vor dem Hafen von Port Ellen. Früh genug für ein Bier im Pub, denken wir. Doch die alten Liegeplätze für Fischer, an denen die Dagmar Aaen festmachen könnte, gibt es nicht mehr, sie werden nicht mehr gebraucht, es gibt kaum noch Fischer. Entstanden ist stattdessen eine kleine Sportbootmarina mit Boxen, die zu klein sind für uns. Es hilft nichts, wir müssen wieder raus aus dem Hafen und die Nacht vor Anker in der Bucht liegen. Es wird eine unruhige Nacht. Selbst an unserem geschützten Ankerplatz frischt der Wind stark auf, der Anker hält nicht, zweimal müssen wir neuen Grund suchen und mehr Kette ausstecken. Erst am nächsten Morgen können wir an einer alten Pier längsseits gehen.

Nirgends sind die Hortensien so blau wie auf Islay. Das liegt am pH-Wert des torfigen Bodens, dem unscheinbaren Reichtum der Insel. Der Torf gibt dem Wasser einen besonderen Charakter und er röstet und räuchert die Gerste, mit der die acht Destillerien der Insel ihren Whisky brennen. Beides verleiht dem Endprodukt ein unverwechselbares Aroma. Je länger das Torffeuer räuchert, desto intensiver der Geschmack. 25 Millionen Liter Malt Whisky werden auf Islay jedes Jahr abgefüllt, er und die zunehmende Zahl der Whisky-Touristen sind die Basis des Wohlstands der Insel.

Malt-Liebhaber wallfahren nach Islay wie Katholiken nach Rom. Und jeden Tag verrichten sie ihre Andacht in einer anderen Brennerei: Ardbeg, Bowmore, Bruichladdich, Bunnahabhain, Caol Ila, Kilchoman, Lagavulin, Laphroaig. In allen kann man besichtigen und probieren. Beim Gärungsprozess des schottischen Lebenswassers entstehen über 80 verschiedene Geschmacksstoffe, und jede Destillerie komponiert sie auf andere Weise. Die großen

Lager der Eichenfässer, in denen der Whisky reift, insgesamt mehr als 100 000, liegen fast alle direkt am Meer, und der Atlantik ist es, der dem Islay-Schnaps angeblich noch eine ganz besondere Geschmacksrafinesse gibt, die ihn vom Stoff aus dem schottischen Hochland unterscheidet. Seeluft, Gischt und Regen, sagen die Brennmeister, sorgen dafür, dass Salz in die Fässer eindringt, es löst Vanille und Gerbstoffe aus der Eiche und bereichert den Stoff im Fass um ein charakteristisches und von Kennern geschätztes Zitronenaroma. Wahrheit oder Legende? »Egal«, meint Raimund Koch, unser Smut an Bord, nachdem er voller Andacht den extratorfigen fünf Jahre alten Bruichladdich Octomore mit 62,5 % probiert hat. Sein Urteil: »Als wenn dir ein Engel auf die Zunge pisst.«
Tatsächlich nennen die Inselbewohner den Anteil des Whiskys, der im Laufe der langen Lagerung aus dem Fass verdunstet »Angel Share«, Engelsanteil, und Budgie, der 50-jährige Brennmeister kommentiert lakonisch: »There must be many lucky angels in the sky above Islay.« Besonders glücklich müssen die Engel im Himmel über der Bruichladdich-Brennerei sein, denn die war eigentlich stillgelegt, nachdem der US-Konzern Jim Beam sie 1994 gekauft hatte. Weihnachten 2000 aber gelang einer kleinen Gruppe einheimischer Liebhaber und Kaufleute der Rückkauf, seitdem fließt wieder der braune Stoff aus der Brennblase, der ein verlässlicher Helfer ist, die Mühseligkeiten des Lebens an Land und auf See etwas unbeschwerter zu betrachten. Wie sagte Papst Benedict: »Engel können fliegen, weil sie sich leicht nehmen.« Es dürfte also nicht nur besonders glückliche Engel im Himmel über Islay geben, sondern auch besonders viele.

Die Hymne von Islay

Westering Home

Westering Home and a song in the air,
Light in the eye and its goodbye to care.
Laughter of love and a welcoming there,
Isle of my heart my own one.

Tell me of lands of the orient gay,
Speak of the riches and joys of Carthay,
Oh but its grand to be waking each day,
And find yourself nearer to Isla.

Where are the folk like the folk of the west?
Canty and couthy and kindly the best!
There I would hide me and there I would rest.
At home with my own folk on Isla.

Kochen mit Whisky

Vier mittelgroße Kartoffeln
Ein Stück Sellerie
Vier große Lauchstangen
Eine kleine Zwiebel
50 g Butter, etwas Olivenöl
1,25 Liter Hühnerbrühe
(oder Gemüsebrühe)
1 Lorbeerblatt
Salz, Pfeffer
225 ml Sahne oder Crème double
50 ml Whisky

Schnittlauch zum Bestreuen

Optional: Räucherlachs oder Räucheraal

Auf Islay wird Whisky nicht nur getrunken, sondern auch gern zum Kochen verwendet. Carol Scott, Hausherrin des Harbour Inn in Bowmore, wo man an der Bar nicht weniger als 93 verschiedene Whisky-Sorten und -Jahrgänge trinken kann, schwärmt von den Austern, die mit einer kleinen Kruste aus Brotkrumen, Knoblauch, Parmesan und Malt Whisky überbacken werden. In ihrem Restaurant wird auch lokaler Hummer serviert, der mit Whiskybutter gegrillt wird, und eine geräucherte Rehkeule, die vor dem Räuchern in zwölf Jahre altem Bowmore-Malt mariniert wird.

Für die Bordküche fand unser Smut Raimund Koch auf der Insel ein handfesteres, aber nicht minder leckeres Gericht: eine Lauchsuppe mit Whisky.

Hier das Rezept:
Kartoffeln und Sellerie schälen und klein schneiden.
Lauch waschen und die weißen Teile klein schneiden. Ebenso die Zwiebel.
Butter in einer großen Pfanne schmelzen, Öl dazugeben. Lauch und Zwiebeln ca. 5 Minuten weich, aber nicht braun werden lassen.
Dann Gemüse, Brühe, Lorbeerblatt dazugeben, zum Kochen bringen und ca. 30 Minuten köcheln lassen, bis alles weich ist.
Lorbeerblatt rausfischen, alles andere pürieren und durch ein Sieb streichen.
Zurück in den Topf, salzen, pfeffern, Sahne und Whisky dazu, fertig.
Zum Servieren einen Klecks Sahne (Crème double) auf jeden Teller und klein gehackten Schnittlauch darüberstreuen.

Viele Islay-Whiskys sind extrem »torfig«. Wer diese Geschmackskomponente mag, mag sie. Raimund Koch verwendet den etwas weniger intensiven Single Malt von Bunnahabhain (12 Jahre alt), auf dessen Etikett ein Seebär am Steuerrad steht, der angestrengt Ausschau hält – wahrscheinlich nach dem nächsten Pub, in dem es Single Malt gibt.

Gehaltvoller wird die Suppe, wenn man ihr eine Einlage von in Streifen geschnittenem Räucherlachs oder kleinen Stücken vom geräucherten Aal verpasst.

Das Besondere: Man kann diese Suppe auch kalt sehr gut essen, weswegen man sie an Bord gleich in größerer Menge im Hafen zubereiten und am Folgetag auch bei höherem Seegang austeilen kann.

▸ Das breite Sortiment der Brennereien spiegelt die unterschiedlichen Lagerungsarten und -zeiten. Den meisten Whisky-Sorten der Insel gemeinsam ist die rauchige Torfnote, die durch das Trocknen der Gerste über Torffeuern zustande kommt.

▸▸ Wie die Destillerie von Ardbeg liegen die Whisky-Brennereien und Fasslager der Insel dicht am Meer. Das Salz der Seeluft dringt in die Fässer ein und sorgt für eine zusätzliche Geschmackskomponente.

BRUICHLADDICH
From Red to Black
"CLACHAN A CHOIN"
Product of Scotland
BRUICHLADDICH
Presented by the
Lord-Lieutenant Kenneth MacKinnon
29th May 2005
50CL
Signed:
Master Distiller
Cask No. 3666 was carefully selected from
Warehouse No.2, Bruichladdich Distillery, Islay,
for this limited edition bottling.
DISTILLATION DATE:
LIMITED BOTTLING:
BOTTLED:
CASK STRENGTH: 55.2% alc/vol
WHISKY DREAM

YAMAHA

Zwischen den Inseln

What shall we do with the drunken sailor, der sich in der Nacht mit seinem Fischerboot an unsere Seite gelegt hat und nicht zum Leben zu erwecken ist, als wir morgens um vier loswollen? Rufen, klopfen, schließlich gegen den Niedergang hämmern, endlich wankt er an Deck und wir können den engen Hafen von Port Ellen verlassen. Draußen geht die See hoch, obwohl wenig Wind ist. Aber der kommt von hinten, der Strom von vorn, das Wasser ist flach, und die DAGMAR AAEN schlingert durch den steilen Seegang wie eine betrunkene Ente. Auf 4000 Meter Tiefe fährt es sich angenehmer.

Je weiter wir nach Norden fahren, desto leerer wird die See. Unbelebte Küsten, kaum Häfen, selten Schiffe. An Backbord heben sich die ersten Inseln der »Äußeren Hebriden« aus dem Meer, Mingulay und Berneray, beide nur noch von Schafen bewohnt, weiter nördlich Barra, dann das kleine Eriskay, wo 1941 ein Frachter auf dem Weg nach New York deutschen U-Booten aus dem Weg gehen wollte, gegen eine Klippe fuhr, auseinanderbrach und seine Whisky-Ladung dem schnellen Zugriff der Insulaner preisgab; obwohl Polizei und Zoll die ganze Insel durchsuchten und einige Einwohner sogar ins Gefängnis brachten, blieben 24 000 Flaschen unauffindbar; manche sollen beim Abriss alter Schuppen oder der Erneuerung brüchiger Holzdielen heute noch auftauchen.

Wir segeln die Ostküste von South Uist und North Uist hinauf, dann weiter nach Harris, wo der Tweed herkommt, und die Welt wird noch einsamer. Nicht nur die Ankerbuchten gehören uns allein, sondern das ganze weite Meer zwischen den Inseln. Einmal sehen wir ein fernes weißes Segel, eine Sensation.

Die Hebriden: Inseln am Westrand Europas, wenig Land, noch weniger Menschen, viel Wasser und noch mehr Wind. Eindrücke von betörender Intensität. Sechs Uhr morgens, die Luft frisch, die See ruhig, der Kaffeebecher dampft in der Hand, die Augen sehen sich satt an der Silberkette der Inseln, die sich aus dem Morgendunst lösen. Dann die Sonne. Sie hebt

◂ Hinter der Kaltfront. Ein Sturmtief ist durchgezogen, die Luft ist kristallklar, die DAGMAR AAEN fährt nur unter Sturmfock durch rauschende See.

▸ Nachtexpress: Vor der Morgendämmerung fährt das Schiff dem bläulichen Licht des kommenden Tages entgegen. Links neben dem achterlichen Niedergang das Display des elektronischen Kompasses.

▲ Schwerstarbeit. Mindestens vier Leute müssen anpacken, wenn das Großsegel nach dem Sturm wieder ausgerefft wird.

▶ Hebriden-Fahrt. Das Kreuzen zwischen hunderten von Inseln, Riffs und Untiefen war früher gefürchtet und fordert auch heute immer noch die volle Konzentration des Navigators.

sich über die Kimm und sorgt für ein Spiel ständig wechselnder Farben, das Meer wird blau, das Land schillert grün und schiefergrau, weiß und violett türmen sich Wolken darüber, ein stilles Fest der Sinne.

Es gebe außer den Hebriden nur wenige Orte auf der Welt, wo die Natur besser aussieht, als sie eigentlich ist, schreibt Derek Cooper in seinem Buch »Hebridean Connection«: »Das liegt am ultravioletten Licht und seiner Intensität. Seine magische Fähigkeit, die Landschaft zu weiten und die Farben zu verstärken, sucht ihresgleichen.«

Auch der segelnde Autor Björn Larsson, Verfasser des Bestsellers »Der keltische Ring«, gehört zu den Liebhabern dieses Segelreviers. »Man kann sich durchaus nach den Gründen fragen«, schreibt er. »Was hat es für einen Sinn, ein paar verlassene, karge, kalte Inseln aufzusuchen, die für ihr grässliches Wetter bekannt, besser gesagt berüchtigt sind?« Und er antwortet: »Es geht wohl um einen Traum; den Traum von einem unvergleichlichen Erlebnis, das in Herz und Seele unauslöschliche Eindrücke hinterlässt, nicht zu vermitteln durch Bücher und Filme, im Fernsehen oder auf CD-ROM, keine virtuelle Realität wie die drei Dimensionen des Computerjargons, sondern reine, vom Menschen unverfälschte Wirklichkeit, in mehr als jämmerlichen drei Dimensionen.«

Doch die Wirklichkeit dieser Inselwelt kann durchaus tückisch sein. Das ist die andere Dimension des Hebriden-Reviers: seine Gefährlichkeit. Das Wetter kann sich hier rasend schnell ändern, Stürme sind häufig, und die wechselnden Gezeitenströme erreichen beängstigende Geschwindigkeiten; über flachem Grund bildet sich dann sehr schnell schwere Dünung, die bei Wind aus der Gegenrichtung im Handumdrehen zu brechenden Wellen von vier, fünf Metern führen kann – für kleinere Schiffe lebensgefährlich. Besonders berüchtigt ist die enge Durchfahrt zwischen den Inseln Scarba und Jura, in der zwischen Ein- und Ausfahrt

▲ Wer liebt wen mehr: die Crew die Delfine oder die Delfine das Schiff? Immer wieder begleiten sie es stundenlang und scheinen den Surf in der Bugwelle zu genießen.

▲ Flaggenwechsel. Nach der irischen und der britischen Gastlandsflagge wird jetzt die schottische gesetzt.

◀ Raumschots: Wenn der Baum der DAGMAR AAEN bei achterlichem Starkwind weit aufgefiert ist, taucht seine Nock immer wieder in die Wellen ein.

▶ Rauschefahrt ohne Großsegel. Nur mit gesetzter Fock läuft die DAGMAR AAEN vor Wind und Wellen ab.

◂ Seefahrt wie in alter Zeit. Nur durch Ölzeug und Südwester geschützt, steht die Crew um den offenen Steuerstand, bereit für das nächste Segelmanöver.

◂◂ Ruhe zwischen den Inseln. Die DAGMAR AAEN ankert vor der Ostküste von Harris, die See ist leer, der nächste Hafen fern.

ein Höhenunterschied von fast anderthalb Meter gemessen wird und die Strömung brutale zehn Knoten erreicht. »Wenn die Dünung des Atlantiks sich bei starkem Westwind über mehrere Tage hinweg aufgebaut hat und bei Flut auf den Gezeitenstrom trifft, ist eine Durchsegelung unmöglich«, warnt das nautische Handbuch.

Es wundert nicht, dass in diesem von Felsen, Inseln, Klippen, Untiefen und wechselnden Strömungen gespickten Seegebiet, das vor allem bei Nacht der Horror jedes Navigators war, schon immer ein besonderer Bedarf an Orientierung bestand. Dieses Bedürfnis sorgte zu Beginn des 19. Jahrhunderts dafür, dass schottischer Pioniermut und Erfindergeist eine Ehe schlossen, aus der viele Nachkommen hervorgingen, die bis heute den Weg der Schiffe fürsorglich begleiten: Leuchttürme.

Ihre Errichtung war manchmal Titanenarbeit. Auf Skerryvore zum Beispiel, dem lang gezogenen Riff vor der Insel Tiree, die wir auf unserer Fahrt nach Norden an Steuerbord passiert haben. Dieses Riff, 13 Kilometer lang, der größte Teil unter Wasser, war ein berüchtigter Killer für all die Schiffe, die, aus Nordwesten kommend, nach Glasgow oder Liverpool wollten und an ihm vorbeimussten. 1837 sollte es durch einen Leuchtturm entschärft werden. Aber wie landet man an einem scharfkantigen Gneisgebilde in brandender See? Wie bringt man dort Bauarbeiter hin, Material, Steine, einen Kran? Nachdem das alles bis zum Herbst 1838 endlich gelungen und sogar schon eine Baugrube aus dem Stein gehauen war, mussten die Arbeiten für den Winter unterbrochen werden. In diesem Winter aber tobte ein schwerer Orkan über Schottland, und als er abgezogen war, sah die Baustelle auf Skerryvore wieder so aus, als hätte es sie nie gegeben. Der Sturm hatte alles, Baumaterial, Kran und Hütten, ins Meer gefegt, und die Leuchtturmbauer mussten von vorn anfangen. Fünf Jahre schufteten sie, bis der Heimleuchter endlich stand: 48 Meter und neun Stockwerke hoch, der höchste Leuchtturm des Vereinigten Königreiches. Am 1. Februar 1844 schickte er zum ersten Mal seinen Lichtstrahl über das dunkle Meer – ein Triumph.

Robert Louis Stevenson, der Autor der »Schatzinsel«, rühmte den schönen, schlanken Turm als »the noblest of all extant deep-sea lights«, den nobelsten aller existierenden Wegweiser der See. Das Lob galt einem Bauwerk, das sein Onkel Alan dem Ozean abgetrotzt hatte; der Onkel wie zuvor schon dessen Vater und später Alans jüngere Brüder und deren Söhne bildeten eine Dynastie genialer Ingenieure, der Schottland insgesamt mehr als 80 Leuchttürme verdankt – »in salutem omnium«, wie das Motto des Northern Lighthouse Board lautete: zum Heil aller. Nur Robert Louis rebelliert gegen die Familientradition, bringt es bloß bis zum Lehrling im Leuchtturmbau, bricht die Ausbildung dann ab und entschließt sich, zum tiefen Leidwesen seines Vaters Thomas, künftig Romane zu schreiben.

Immerhin stehen die immer noch in vielen Bordbibliotheken, auch auf der DAGMAR AAEN, und finden ihre Leser. All den kühnen Bauwerken des Vaters, Großvaters und der Onkel gilt von Bord aus heute nur noch ein müder Blick freundlicher Nostalgie, bevor das Auge wieder zum Kartenplotter zurückkehrt, der uns sagt, wo wir sind.

Harris / Steve Dilworth – und der Stein des Weisen

Die Eiszeit war gestern. Seitdem hat sich nicht viel geändert. Spärliches Strauchwerk, mickriges Heidekraut, Moos, Flechten, flache Hochmoortümpel und Steine; uralte Steine, große Steine, viele Steine. Stanley Kubrick hat die Mars-Sequenz seiner »Odyssee im Weltraum« hier gedreht. Er musste nichts verändern. Das Innere der Insel Harris ist eine Mondlandschaft.

Es ist noch keine 100 Jahre her, da hatte man hier Großes vor. Lord Leverhulme, der »Seifenkönig«, der als William Hesketh Lever 1855 die »Sunlight Soap« erfunden hatte und mit dem weltweiten Erfolg dieses Kernseifen-Universalwaschmittels zu Reichtum gekommen war, kaufte 1918 die Hebrideninsel Lewis mitsamt ihrem südlichen Teil Harris, um aus ihr eine blühende Landschaft zu machen: Das verschlafene Örtchen Leverburgh ganz im Süden sollte der größte Fischereihafen Schottlands werden, eine bestehende norwegische Walfangstation übernommen und ausgebaut werden, und mithilfe der Inselschafe und des legendären Harris-Tweeds sollte eine blühende Textilproduktion entstehen. Aus keinem dieser Projekte wurde etwas, dem Lord ging das Geld aus, nach seinem Tod 1925 wurden alle Investitionen aufgegeben und die Zahlungen eingestellt. Zurück blieben knapp 20 000 Einwohner sowie Angst vor Arbeitslosigkeit und Armut, hoher Whisky-Konsum und Steine.

In den 1960er-Jahren träumte man erneut von Aufschwung, Clò Mór, das »große Tuch«, andernorts besser bekannt als Harris-Tweed, sollte ihn bringen. Damals galt ein Sakko aus Tweed als Kreativ-Klamotte, Schriftsteller, Künstler, Architekten kleideten sich vorzugs-

▸ Skipper Arved Fuchs mit dem Künstler Steve Dilworth im Hochmoor von Harris. Hier findet der Bildhauer uralte Steine, die er zu Skulpturen verarbeitet.

▸▸ Harris ist die Insel des Tweeds. Der zeitlose Stoff wird immer noch nach alter Technik gewebt und mit traditionellen Mustern und Farben gefertigt.

▸▸▸ Mondlandschaft. Das Hochmoor von Harris ist so archaisch, dass Stanley Kubrick hier die Mars-Sequenz seiner »Odyssee im Weltraum« drehen konnte – ohne Umbauten.

D806/D01
NSD
16.10.03
G703/B05
FWD

◂ Steve Dilworth am Küchentisch seines Hauses mit Arved Fuchs. Der hält in seinen Händen den Stein mit Sturmwasser, den der Künstler als Talisman für die DAGMAR AAEN geschaffen hat.

◂▾ Steve arbeitet gern mit »Living material«, er bearbeitet Fundstücke aus Stein, Knochen oder Holz und schafft daraus Skulpturen mit besonderer Bedeutung und magischer Aura.

▸ Der Künstler als Schamane: Aus diesem Gipsmodell von zwei Vögeln, die sich umarmen, wird eine Bronzeskulptur, in die zwei tote, aus dem Nest gefallene Vögel eingebettet werden.

weise in das raue Tuch. 1966 war mit 7,6 Millionen Metern produziertem Stoff das erfolgreichste Jahr aller Zeiten. Seitdem aber ging es bergab – was nicht zuletzt an der Unverwüstlichkeit des Tweeds selbst lag. Eine Jacke reicht für ein Leben. Nur noch ein Bruchteil des einstigen Exports verlässt heute die Insel. Wieder bleiben Armut, Whisky und Steine.

Steve Dilworth kam mit seiner Frau Joan 1983 zum ersten Mal nach Harris, eigentlich nur für ein paar Urlaubstage. Aber dann erlebte er die extreme Landschaft dieser Insel und blieb – bis heute. Steve, 51 Jahre alt, ist ein hochaufgeschossener schlanker Mann, der lebhaft ist, viel spricht und oft lacht, kein Kauz, kein Eremit, kein Sonderling. Aber er war absolut fasziniert davon, einen dieser Steine aus Gneis in der Hand zu halten, den die morphologischen Kräfte der Erde geformt und aus ihrem Inneren an die Oberfläche gepresst hatten, »dreitausend Millionen Jahre alt«, sagt er verzaubert, »unbelievable«.

Diese uralten Steine fesseln ihn täglich aufs Neue, ebenso die Dinge, die er am Meer findet: Treibholz, angespülte Fische, Muscheln, Schneckenhäuser, der Schädel eines Seevogels oder der Rückenwirbel eines Wals und die Ohrkapsel eines Delfins – eine perfekte kleine Skulptur. Sie liegt auf einem Fensterbrett seines Hauses neben eigenen Kunstgegenständen, ebenbürtig. Die formenden Kräfte des Meeres und der Erde sind Partner für ihn.

Das kleine efeubewachsene weiße Haus, das in einem verwilderten Garten steht, war halb verfallen, als Steve und Joan es billig kauften. Es liegt bei Beacravik, völlig abgeschieden,

‣ Der Hafen von Loch Tabert. Er ist nur für kleine Boote erreichbar. Größere wie die DAGMAR AAEN müssen draußen in der Bucht ankern.

die eine Seite an einen Berg geschmiegt, die andere offen zum Meer. Ein einziger großer Raum bildet das Erdgeschoss, er ist Küche, Essplatz, Wohnzimmer. Eine Tür führt zum angebauten Atelier. Darin ist der größte Gegenstand die Kühltruhe, in der Steve seine organischen Fundstücke bis zur Konservierung und Bearbeitung aufbewahrt.

Jeden Morgen blickt er aus dem großen Fenster hinaus aufs Meer und hinunter zu einer weiten Bucht; dann streift er am Spülsaum entlang oder durch die Öde des Hochmoors und sucht. Und findet. Er sieht einen Stein und erkennt die Form, nach der dieser sich sehnt. Oder er spürt die innere Beziehung von Fundstücken und Materialien und fügt sie zusammen, Holz und Metall, Stein und Holz, Knochen und Tauwerk, ein toter Vogel und Treibholz, oft zu organischen Formen, Skulpturen, die an ein Ei erinnern, an Fische, Schnecken, Vögel. »Living material« nennt er die Dinge, mit denen er vorzugsweise arbeitet. Sie besitzen einen eigenen Mythos, den er aufgreift und verstärkt. Manchmal auch mit Bestandteilen, die man nicht sehen kann: Ein Gehäuse aus Holz und Tauwerk birgt den skelettierten Kopf eines Tölpels, ein Ei aus Treibholz einen konservierten Fisch, ein bearbeiteter Stein ein Glasröhrchen mit Seehundtran.

Steve Dilworth hat sich viel mit Schamanentum beschäftigt. Er ist Bildhauer, aber auch ein Alchimist und so etwas wie ein »Matchmaker«: Er bringt Traumpartner zusammen, vermittelt Hochzeiten verschiedener Materialien und Mythen und sorgt dafür, dass sie sich auf ewig binden. Und sein wichtigster Lieferant ist das Meer, das er liebt, achtet und fürchtet. Ein Künstler, der auf sehr besondere Weise mit dem Meer und von ihm lebt.

Unser Besuch bei Steve Dilworth hat einen Grund: Bevor wir zu der Atlantiküberquerung von Neufundland aus starteten, hatte er uns gebeten, aus der Mitte des Atlantiks Wasser abzufüllen und ihm mitzubringen. Ein ungewöhnliches Ansinnen, aber eines, das uns neugierig machte. »Mittatlantikwasser« nennt er die salzige Flüssigkeit. Genau auf 48° 52′ N und 031° 56′ W hatten wir mit der DAGMAR AAEN aufgestoppt und mit einem Eimer Atlantikwasser geschöpft. Ein altes Einmachglas diente als Transportbehälter. Gut verstaut, hat das Weckglas mit dem für Steve kostbaren Inhalt die andere Hälfte der Atlantiküberquerung und die stürmischen Passagen entlang der irischen Küste unbeschädigt überstanden. Jetzt ist es an seinem Bestimmungsort eingetroffen und zugleich unsere Eintrittskarte in sein Allerheiligstes, sein Atelier. Ein wenig ehrfürchtig nimmt er das Weckglas in Empfang. Wer seine Kunst kennt, sein Atelier gesehen hat, begreift sofort, dass ihm dieses Wasser viel bedeutet; er schreibt ihm mystische Kraft zu. Er dreht und wendet das Glas, hält die klare Flüssigkeit gegen das Licht. Dann stellt er es behutsam in die hinterste Ecke eines Regals. Von der Fensterbank nimmt er einen mattschwarzen, handtellergroßen glatt geschliffenen Stein und hält ihn uns feierlich entgegen. »Sturmwasser« enthalte dieser Stein, das er selbst während eines schweren Winterorkans, über den Klippenrand gebeugt, von der gischtenden Brandung eingefangen habe. Ein elementares Erlebnis – und ein gefährliches Unterfangen zudem. Steve hat das Wasser dem erzürnten Ozean abgerungen und in eine kleine Phiole gefüllt. Die wiederum befindet sich gut geschützt und unsichtbar im Inneren des Steines verborgen. Ein sehr alter Stein aus der Tiefe der Erde, eingefasst von Elfenbein, ein Kunstwerk, das sich angenehm in die Handfläche schmiegt. Ein Kunstgegenstand, den man betrachten, den man anfassen und danach in eine Vitrine oder einem Regal ablegen möchte. Aber das ist nicht seine Bestimmung. Der Stein mag äußerlich Ruhe und Beständigkeit vermitteln – aber in seinem Inneren tobt der erzürnte Atlantik, gibt niemals Ruhe. Steve macht uns diesen Stein zum Geschenk. Sollte das Schiff jemals in einen so schweren Sturm geraten, dass die Crew nicht weiß, ob sie ihn übersteht, dann soll dieser Stein über Bord geworfen werden – ein Opfer. »Nur das, wovon man sich wirklich schwer trennt«, sagt Steve Dilworth, »kann retten«. Er glaubt an das, was er sagt – und wir tun es auch. Es gibt Dinge im Leben, die man rational nicht erfassen kann, und doch existieren sie. Wir werden den Stein auf all unseren weiteren Reisen mitführen, sozusagen als ultimativen Rettungsanker. Hoffentlich werden wir ihn niemals einsetzen müssen.

St. Kilda

St. Kilda scheint in mehrfacher Hinsicht den »glückseligen Inseln im Golf Pe-chi-li« zu gleichen, von denen Ernst Bloch erzählt: »Sieht man sie von fern, so gleichen sie Wolken; kommt man ihnen nahe, so wird das Schiff vom Wind weggetrieben; erreicht man sie dennoch, so versinken sie im Meer.«

Die Insel, eigentlich eine Gruppe von drei kleinen Inseln und einer winzigen, liegt knapp 50 Meilen westlich vor dem westlichsten Zipfel von Harris und ist bei Westwind, der hier vorherrscht, schwer zu erreichen. Als wir den winzigen dunklen Felskegel der Hauptinsel Hirta auf der Kimm entdecken, die Spitze eines erloschenen unterseeischen Vulkans, schätzen wir die Ankunftszeit auf 20 Uhr. Dann frischt der Wind auf, und wir sagen, es wird wohl zwei Stunden länger dauern. Tatsächlich ist es nach Mitternacht, als endlich der Anker in der Village Bay auf der Ostseite der Insel fällt. Bei Ostwind wäre die Fahrt einfacher, aber dann könnte man in dieser Bucht, die nach Südosten offen ist, nicht ankern. Eine andere Möglichkeit aber bietet die Insel nicht.

Wie eigentlich und vor allem warum sind die ersten Siedler auf diese Insel gekommen? Und die nächste Frage stellt sich gleich am folgenden Tag, als wir in mattem Morgenlicht und Nieselregen an der Reling stehen und das triste Land betrachten, das uns umgibt: Warum blieben sie?

Die Dagmar Aaen liegt wie in einem Amphitheater in einem Halbrund kahler Berge, die bis zu 400 Meter ansteigen, man blickt auf graue Felsen und Geröll, spärliche Vegetation, nur unten, zwischen Meer und Bergen schimmern grüne Grasflächen. Baumloses Land, öde und kahl. Nichts als karge Schafweide und Vogelfelsen. Millionen Seevögel nisten hier, die Felsen sind weiß von ihrem Kot.

Aber mindestens 2000 Jahre lang wohnten hier Menschen. Sie lebten in fast völliger Abgeschiedenheit von der restlichen Welt. So abgeschieden, dass es keine Ratten gibt auf der Insel und die Schafe eine eigene genetische Entwicklung darstellen; sie haben mehr mit dem Mufflon, dem Urschaf der Steinzeit, gemeinsam als mit ihren lebenden Verwandten auf Harris und Lewis. 1930 aber gaben die letzten Menschen auf St. Kilda ihr Inseldasein auf und ließen sich auf das schottische Festland umsiedeln. Der Tag, an dem wir die Insel betreten, die heute dem National Trust for Scotland gehört und nur mit besonderer Genehmigung angelaufen werden darf, ist der 80. Jahrestag ihres Exodus.

Warum kamen Menschen hierher, warum blieben sie, warum gingen sie?

St. Kilda ist, wie viele Inseln, eine Zeitkapsel. Die Historie ihrer Besiedelung ist ein Kapitel Menschheitsgeschichte, die hier, in der Isolation der Insellage, auf besondere Weise bewahrt wird.

Die Vorgeschichte geht zurück bis in eine Zeit vor rund 5000 Jahren, eine Epoche, die manchmal als »neolithische Revolution« bezeichnet wird. In Mesopotamien und Anatolien hatten erfindungsreiche Pioniere begonnen, Getreide anzubauen, und von dort aus wurden die Idee und die Technik des Ackerbaus in der Jungsteinzeit über Griechenland, die Ukraine und den Balkan nach Mitteleuropa exportiert. Zum Teil durch Zuwanderer, die neue Siedlungsräume suchten und das moderne Know-how mitbrachten; zum Teil durch seine

◂ **Speisekammer der Insulaner. In solchen mit Grassoden gedeckten Vorratsräumen aus Stein lagerten die Bewohner von St. Kilda die erbeuteten Seevögel, von denen sie hauptsächlich lebten.**

▸ **Einsam im Atlantik. 40 Seemeilen westlich von Harris ragt St. Kilda aus dem Meer. Die winzige Inselgruppe bildet die Spitze eines erloschenen unterseeischen Vulkans.**

▲ Kurz vor der Evakuierung. Ein alter Einwohner von St. Kilda vor seinem Haus an der Dorfstraße. 1930 wurden die letzten Inselbewohner aufs Festland umgesiedelt.

▶ Die gleiche Straße heute. Die Dächer sind eingefallen, aber die Mauern haben Sturm und Regen standgehalten.

Weitergabe an die alten Jäger und Sammler, die ihre bisherige Lebensweise dann allmählich aufgaben. Mit dem Ackerbau wurden die Menschen sesshaft und – auch dank der neuen Nutztiere Schaf, Ziege und später Rind – unabhängig vom bisherigen Zufall des Jagdglücks und der Sammelergebnisse. Die Lebensgrundlage verbesserte sich, auch durch die Klimaerwärmung nach dem Ende der letzten Eiszeit; mehr Menschen konnten ernährt werden, die Bevölkerung wuchs und musste sich dementsprechend immer neue Anbauflächen und Lebensräume erschließen.

Die eigentliche Geschichte beginnt dann etwa 3500 Jahre vor unserer Zeitrechnung, nachdem der Zug der Kolonisatoren Nordfrankreich erreicht hatte, dann aber auch dort der bebaubare Boden knapp wurde und abermals neue Siedlungsmöglichkeiten gesucht wurden. Die Suche erfolgte jetzt auch auf dem Wasser. Auf der »atlantischen Route«, so der schottische Autor Charles Maclean, fuhren die Landsucher mit Schiffen, von denen wir keine Vorstellung haben, entlang der britischen Westküste nach Norden, bis hinauf zu den Shetlandinseln. Es waren vor allem Inseln, die sie zum Bleiben lockten. Wegen der dünnen Humusschicht und der salzigen Luft waren Inseln meist kaum oder gar nicht bewaldet, mussten also nicht erst gerodet werden, um Anbauflächen und Weiden für Schafe zu schaffen; sie boten Gelegenheit zum Fischfang und zum Sammeln von Muscheln, und sie garantierten vor allem Schutz vor einem überraschenden Überfall von Feinden.
In diese Zeit fällt die erste Besiedlung der winzigen Inselgruppe vor Harris mit dem merkwürdigen Namen. Kein katholischer Kalender kennt eine Heilige namens Kilda, der Name ist mutmaßlich die Verchristlichung von Childa oder Skilda aus dem Altnorwegischen oder Gälischen. Es bedeutet »Schild« und könnte sich auf die Form der Insel beziehen, die wie ein Wikingerschild im Atlantik buckelt.

▲ Zur Erinnerung an ihren Exodus von St. Kilda hinterließen die letzten Einwohner eine Visitenkarte aus Stein.

▶▲ Die einzige Verbindung zur Außenwelt bestand für die Einwohner von St. Kilda früher in einer sogenannten Postboje. Am 80. Jahrestag der Umsiedelung erinnert ein Modellschiff an diese archaische Form der Nachrichtenübermittlung.

▶▶▲ Richard Balherry ist als Chairman des »National Trust for Scotland«, dem die Insel heute gehört, regelmäßiger Besucher auf St. Kilda.

▶▶▶▲ Die Schafe der Insel haben sich genetisch eigenständig entwickelt und stellen eine eigene Rasse dar, die es nur auf St. Kilda gibt.

An diesem ausgesetzten Zipfel Land, weit weg von jedem Kontakt mit anderen, ging die Zeit vorbei. Jahrtausendelang lebten die Bewohner wie die allerersten Siedler. Auch die Bekehrung zum Christentum und der erste Geistliche, der 1705 auf die Insel kam, änderten nichts an ihrer Lebensweise. Sie ernährten sich von den Schafen, die sie züchteten, den Vögeln, die sie fingen, den Eiern, die sie sammelten. Oft auf halsbrecherischen Klettertouren in den zum Teil 300 Meter steil abfallenden Klippen. »Gämsen gleich querten sie selbst steile Hänge. Sie hielten Schritt mit unserem Boot. Aus Angst, einer von ihnen könnte aus der Höhe hinab in die See stürzen, konnte ich nicht länger hinsehen.« So berichtete es einer der seltenen Besucher der Insel im Jahre 1697. Vögel aller Art wurden gefangen, alles an ihnen wurde verwertet, Fleisch, Fett und Federn. Der Eissturmvogel war die Lieblingsspeise der Insulaner, aber gefangen wurde alles, was flog oder schwamm, auch »the great Auk«, der Pinguin der nördlichen Hemisphäre, der 1944 ausgerottet wurde; begehrt waren ebenso Trottellummen und Tölpel, von denen um die 4000 Stück pro Jahr gefangen wurden. Noch mehr von den kleinen bunten Papageitauchern, zutraulich und leicht zu erbeuten, gewissermaßen das Fastfood der Inselbewohner. Was nicht sofort verwertet werden konnte, wurde in Steinhütten aufbewahrt, durch die der Salzwind wehte. Salz zum Konservieren gab es auf der Insel nicht.

Der Vogelfang war auf der Insel so wichtig, dass jeder Mann, der heiraten wollte, zuvor mit einer geradezu artistischen Mutprobe auf einem hohen, vorspringenden Felsen beweisen musste, dass er schwindelfrei, kühn genug und damit fähig war, eine Familie zu ernähren. Spärliche Landwirtschaft ergänzte die bescheidene Nahrung. An Dünger mangelte es dank des Vogel-Guanos nicht, aber das Klima ließ Gemüse und Gerste häufig kümmern. Es kann zwei, drei Wochen ohne Unterbrechung regnen auf St. Kilda, es kann auch wochenlang stürmen, und der Sturm peitscht die Gischt dann an den Felsen 100 Meter hoch, sodass alles, Wiesen, Dächer, Tiere und Menschen, von Salz bedeckt sind.

Es war ein sehr einfaches Leben, das die Inselbewohner führten. Hart mit Sicherheit, vielleicht armselig. War es elend? Richard Balherry schüttelt nachdrücklich den Kopf. Der weißbärtige Mann, Chairman des »National Trust for Scotland«, hat sich lange mit der Geschich-

te der Insel beschäftigt und ist nun, zum 80. Jahrestag der Umsiedlung, wieder auf Besuch hier. Er sei fest überzeugt, sagt er, dass das Lebensgefühl der Insulaner ganz anders war: »People were happy.«

»Glücklich« – ein Wort, das einem nicht in den Sinn kommen würde, wenn man in Salzwind und Regen steht und auf die kahlen Klippen starrt. Aber Balherry hat gute Gründe für seine Überzeugung. Die Abgeschiedenheit der Insel bedeutete für die kleine Gemeinde ihrer Bewohner auch Schutz vor Überfällen und Feinden, vor Pest und Cholera. Zudem lehrt die moderne Glückforschung, dass es nicht materieller Reichtum ist, der glücklich macht, sondern das Gefühl, die vorhandenen Güter seien gleichmäßig und gerecht verteilt. Das waren sie auf St. Kilda.

Die Jagd auf Vögel und Eier fand gemeinschaftlich statt, die Erträge wurden geteilt, auch an der Bodennutzung hatten alle gleichen Anteil, und wenn ein Schaf abstürzte und umkam, spendete die Gemeinschaft dem betroffenen Besitzer Ersatz. Ein Oberhaupt der Insulaner gab es nicht. Jeden Morgen versammelten sich die Männer auf der Dorfstraße zum »Parlament« und bestimmten in offener Aussprache, was geregelt und getan werden musste. Sie entschieden beispielsweise, ob das Wetter sicher genug war, um die wackligen Boote ausfahren zu lassen, und dass die Eier der Eissturmvögel nicht gesammelt werden dürfen, weil die Tiere nur ein Ei pro Jahr legen. Das Leben, sagt Balherry, war nicht nur glücklich, sondern auch »sustainable« – nachhaltig. »Wir können davon lernen.«

Die moderne Entdeckung der Nachhaltigkeit geht auf den Club of Rome zurück, der in seinem berühmt gewordenen Bericht über die »Grenzen des Wachstums« von 1972 das Wort erstmals verwendet und mit zwei grundlegenden Forderungen verknüpft: Das Weltsystem sollte gegen »einen plötzlichen und unkontrollierbaren Kollaps« gefeit und fähig sein, »die materiellen Grundansprüche seiner Menschen zu befriedigen«. Beide Forderungen wurden von dem System, das die Einwohner von St. Kilda für sich entwickelt hatten, erfüllt. Es war ein kleines Utopia, das auf der Insel real existierte, einfach, vielleicht primitiv, aber nachhaltig, demokratisch und gerecht.

Nachdenklich gehen wir die ehemalige Dorfstraße hinauf, entlang der alten Häuer, deren

Außenmauern aus dicken Steinquadern noch stehen. Zwischen 100 und 200 Menschen haben hier gewohnt, geliebt, Kinder geboren und Angehörige auf dem kleinen Friedhof bestattet. Die Grabsteine sind verwittert, die Aufschriften kaum noch lesbar, bis auf zwei. Malcolm Macdonald, geboren 1902, gestorben 1979, kehrte nach seinem Tod auf die Heimatinsel zurück. Daneben steht der Grabstein seiner Frau, die ihm im Januar 2010 folgte. »Together again«, steht auf ihrem Granitstein.

Der Niedergang setzte ein mit dem Elend des Vergleichens. 1838 erreichte das erste Dampfboot St. Kilda, die Einwohner liefen zu ihrem Pastor und riefen ihm zu, dass in der Bucht ein Schiff brennt. Ab 1906 kamen immer mehr Besucher, die auch vom Mythos und den Legenden angelockt wurden, die diese vermeintlich ideale Tochterkolonie des Urchristentums oder des Urkommunismus umgaben. Touristische Neugier okkupierte die Insel und infiltrierte die Insulaner. Sie wurden plötzlich massiv mit einer alternativen Welt konfrontiert

Wie die Bühne eines Amphitheaters liegt die Village Bay, die einzige gegen den stürmischen Westwind geschützte Ankerbucht der Insel.

voller Komfortmöglichkeiten und Konsumkultur. Es war eine Welt, in der es Alkohol und Zigaretten gab, Kleidung und Nahrungsmittel von unerhörter Vielfalt, Lebensvarianten in Hülle und Fülle, kurz eine Welt von verführerischster Attraktivität.
Allmählich verlor sich der Wille zur Selbstversorgung, und die Emigration begann. 1928 berichtete ein Polizei-Constable seiner Dienststelle auf Harris, die Inselgemeinschaft sei »in death throes«, im Todeskampf. Zwei Jahre später packten die letzten 36 Einwohner ihre Habseligkeiten und kehrten St. Kilda für immer den Rücken.
Doch vergleichen kann man immer nur, was sichtbar ist, Kleidung und Stiefel, Kneipen und Steaks. Da schnitt das Leben auf St. Kilda sicherlich schlecht ab. Aber Glück ist unsichtbar. Welches Glück haben die Inselbewohner nach ihrer Umsiedelung gefunden?
Die Chroniken schweigen darüber. Man weiß nur, welches sie verloren.

Orkney

▶ **Bis heute geheimnisvoll: Die monumentalen Steinmonolithe des »Ring of Brodgar« aus keltischer Urzeit geben den Wissenschaftlern immer noch Rätsel auf.**

▶▶ **Als stünde die Zeit still. Hummerkörbe vor einer Stadtkulisse, die vor 100 Jahren kaum anders aussah. Stromness, zweitgrößter Ort auf Orkney, war früher ein pulsierender Hafen und Ausgangspunkt für Walfänger und Polarexpeditionen.**

Feierabend in Stromness, der kleinen Hafenstadt auf der Hauptinsel von Orkney. Die wenigen Läden schließen, die schmale Hauptstraße, die sich parallel zur Bucht durch die Altstadt aus grauem Sandstein windet, leert sich. Am Hafen stapelt ein Fischer Hummerkörbe aufeinander.

In der Bar des »Ferry Inn« am Hafen ist noch wenig los. Es ist eine Kneipe zeitgenössischen Zuschnitts mit altem Holztresen, ein paar dunkelbraunen Tischen, einem großen Flachbildschirm an der Wand, auf dem wechselnde Sportübertragungen laufen, einem Poolbillard und einer Musikbox im Séparée. Ein älteres Paar unterhält sich am Tresen, ein jüngerer Mann sitzt vor seinem Laptop an einem der Tische, drei weitere Männer schweigen in große Biergläser. Es ist ruhig.

Dann geht die Tür auf, zu sechst kommen sie herein, vier junge Männer, zwei Frauen, keiner über 20. Die Frauen lachen laut, die Männer grinsen fortwährend, sie ziehen verlegen an ihren Jeans, die sowieso schon tief hängen. Sie bestellen etwas für die Frauen, etwas Scharfes anscheinend, die Frauen trinken, husten, kreischen, lachen. Die Stämmigere von beiden zieht ihre Strickjacke aus, eine überwältigende Oberweite kommt zum Vorschein, tiefer Ausschnitt, ihre Lippen sind übermalt. Die Männer treten von einem Bein auf das andere. Einer hat einen Ring im Ohr, ein anderer zwei Ringe in der Unterlippe. Einer stupst die Stämmige an, die gerade trinken will, und sie verschüttet etwas von dem scharfen Getränk, es tropft in ihr Dekolleté. Sie kreischt wieder, alle lachen. Dann verzieht sich die Gruppe zum Billard. Die Stämmige füttert die Musikbox mit Münzen und wippt dann im Takt der Musik hin und her. Den Männern fällt die Konzentration auf ihre Kugeln schwer. Nach einer guten halben Stunde haben alle ihre Gläser ausgetrunken, zahlen und gehen – ins nächste Pub. Es gibt vier in Stromness. Es ist nicht einfach, jung zu sein in Stromness.

Gibt es Arbeit für junge Leute auf Orkney? »Es gibt für niemanden Arbeit auf Orkney«, sagt Susanne Sinthofen, die selber eine Ausnahme darstellt. Sie hat Arbeit in der Touristeninformation gefunden, wo sie deutsche Gäste berät. Als Regel aber gilt: »Wer einen Job bekommen will, wer studieren will, muss aufs Festland.«

Die Blütezeit von Stromness ist 200 Jahre her. Damals beherbergte der Hafen eine große Walfangflotte, Herings- und Kabeljaufischerei hatten Hochkonjunktur, und die kanadische Hudson's Bay Company besaß hier eine wichtige Niederlassung, die Schiffe und Expeditionen ausrüstete. Auch große Überseeexpeditionen begannen in Stromness. Scapa Flow, die große, gut geschützte Bucht östlich der Stadt, war der wichtigste natürliche Hafen der britischen Marine und die graue Stadt am Meer der »port auf last call«. James Cook, Benjamin Franklin, Grönlandfahrer und Arktisforscher, alle machten sie hier Station. Stromness war eine kleine Metropole am Meer.

Jahrhundertelang wurden hier Schiffe repariert, Fische, Waltran und Robbenfelle umgeschlagen, Proviant und Wasser an Bord genommen und Lücken in den Schiffsmannschaften geschlossen. Hier lebten ganze Familiendynastien von Kapitänen, Steuerleuten und Fischern, die ihren Beruf vom Vater an den Sohn weitergaben, und in den Seemannsheimen des Ortes überbrückten viele Seeleute die Zeit zwischen zwei Heuern.

▲ Scapa Flow war eine wichtige Basis für die britische Navy. Hier wurde die deutsche Flotte bei Ende des Ersten Weltkriegs bis zu ihrer Selbstversenkung interniert. Und hier sank nach Beginn des Zweiten Weltkriegs das englische Schlachtschiff ROYAL OAK mit 1400 Mann Besatzung durch einen deutschen Torpedotreffer.

▶ Unter Strom: Der Pentland Firth, die enge Durchfahrt zwischen der Nordspitze Schottlands und Orkney, ist unter Seeleuten wegen ihres extremen Gezeitenstroms und des sich rasend schnell aufsteilenden Seegangs gefürchtet.

Heute wirkt Stromness, als sei hier die Zeit angehalten worden. Hafen und Stadt sehen immer noch so aus wie auf den Fotografien aus alter Zeit. Kein Hochhaus, keine Containerbrücke stört das nostalgische Bild. Aber die Betriebsamkeit, die hier in der alten Zeit herrschte, ist verschwunden, das Leben erstarrt wie in Dornröschens Schloss.

Die »Heritage Society« der Insel hat 2002 ein wunderbares Buch herausgegeben, »Orkney and the sea« – eine Sammlung von Fotos und mündlichen Erinnerungen von Menschen, die in Berufen gearbeitet haben, die auf See ausgeübt wurden oder von der See abhingen. Man blättert, liest, betrachtet die Bilder der Walfänger, des segelnden Postboten, des riesigen Heringsfasslagers auf der kleinen Insel Papa Stronsay, der schwimmenden Bankfilialen, die von Insel zu Insel fuhren, der Fischfrauen und Holzbootbauer und stellt fest: Es gibt keine dieser Tätigkeiten mehr. Nur ein paar Fischer und Hummerfänger sind noch da. Und mit den Berufen der anderen ist der Stolz verschwunden, den die halbwüchsigen Jungs auf den alten Schwarzweißfotos zur Schau tragen, wenn sie auf kleinen Dingis durch den Hafen rudern oder dem Vater an Bord helfen, Kabeljau auszunehmen oder Muscheln zu sortieren.

Orkney lebt von der Vergangenheit. Die eine findet man an Land. Besucher kommen wegen der beeindruckenden Relikte der Frühgeschichte, mit denen die ganze Insel getrüffelt ist, dem Kreis gewaltiger Steinmonolithe des »Ring of Brodgar« beispielsweise, dessen einstige Bedeutung bis heute ein Geheimnis ist; oder dem gut erhaltenen Steinzeitdorf Skara Brae, das von einer gewaltigen Sturmflut 1850 freigelegt, dann systematisch ausgegraben wurde und heute einen staunenswerten Einblick gestattet in den Alltag vor 5000 Jahren. Schon damals lebten die orkadischen Zeitgenossen von Ötzi, der Gletschermumie aus den Alpen, sehr gut vom Meer; man fand in ihren Küchen Überreste von Kabeljau, Seelachs, Hummer, Austern, Seeigeln, Muscheln, Robben und sogar Walen.

Die andere Vergangenheit liegt unter Wasser. Bei Ende des Ersten Weltkriegs wurden in der Bucht von Scapa Flow 74 Schiffe der deutschen Hochseeflotte interniert. Weil deren Kom-

mandant Ludwig von Reuter vom Scheitern der Friedensverhandlungen in Versailles überzeugt war und verhindern wollte, dass die deutschen Kriegsschiffe den Briten in die Hände fallen, gab er am 21. Juni 1919 das Kommando zur Selbstversenkung. Befehlsgetreu gingen 59 Schiffe unter, sieben liegen heute noch dort. Und gleich in der Nachbarschaft ruht ein weiteres Wrack auf dem Meeresgrund: das englische Schlachtschiff HMS Royal Oak, das am 14. Oktober 1939 von dem deutschen U-Boot U 47 mit drei Torpedotreffern versenkt wurde und 1400 Mann mit in die Tiefe nahm. Dem Kommandanten des U-Bootes Günther Prien war es trotz zahlreicher Sperren und schwieriger Strömungsverhältnisse gelungen, sich in den Naturhafen der britischen Flotte zu schleichen und nach dem erfolgreichen Angriff auch wieder daraus zu entkommen. Das Buch des Seehelden »Mein Weg nach Scapa Flow«, 1940 erschienen, war ein Bestseller; aber die Propagandaabteilung der Kriegsmarine, die dem Autor die Feder geführt hatte, hatte auch Sorge dafür getragen, dass über die wahren Details des Kommandounternehmens – wie das Versagen der ersten beiden abgefeuerten Torpedos – geflissentlich hinweggeschrieben wurde.

Die submarinen Relikte der jüngeren Vergangenheit, zu denen auch noch ein paar Wracks aus Friedenszeiten gehören, sind für Orkney mindestens so attraktiv wie die prähistorischen Sehenswürdigkeiten an Land, denn sie ziehen Wracktaucher aus aller Welt an. Neun ehemalige Fischkutter haben statt Netzen heute Sauerstoffflaschen und Kompressoren an Bord, jeden Morgen Punkt 7:30 Uhr von Mitte Mai bis Oktober verlassen sie den Hafen und bringen ihr Gäste in den schwarzem Taucheranzügen zu den »top ten scenic wrecks of Scotland«. Und jeden Abend sitzen die Wiederaufgetauchten dann zu später Stunde in der Bar des Hotel Stromness oder im Ferry Inn, trinken ein Pint nach dem anderen und noch einen Highland Park dazu, den famosen Whisky der Insel, und stellen dann am nächsten Tag auf 40 Meter Wassertiefe fest, dass Restalkohol im Blut und ein Pressluft-Helium-Gemisch in der Lunge keine ideale Mischung ergeben. »Es passiert viel beim Tauchen«, erzählt Susanne Sinthofen, »viele sind zu ehrgeizig, sie überschätzen sich, sie sind unvorsichtig.«

Wer über die Insel fährt, erlebt ein verschlungenes Ineinander und Miteinander von Land und Meer und Lochs; Erde, Süß- und Salzwasser in immer neuen Umarmungen, mal zärtlich und sanft, mit satten grünen Wiesen, die weich abfallen und in weit geschwungene sandige Buchten übergehen; dann wieder rau und dramatisch mit hohen, steil abstürzenden Kliffs und schroffen Felsen, überweht vom ewigen Wind, von Gänserufen und Möwengeschrei.

▸ Stairway to heaven: Wie das Innere eines Schneckenhauses wirkt die Wendeltreppe im Inneren eines der zahlreichen Leuchttürme auf den Klippen der Insel.

▸▸ Wie ein Relikt aus der Urzeit. Immer noch finden sich auf Orkney die klassischen roten Telefonzellen Britanniens, aber im Handyzeitalter stehen sie leer.

TELEPHONE
PULL

▸ Der letzte Mann. An der Theke in der Bar des Hotels Stromness erzählt Angus Hutchinson von seiner Zeit als aktiver Leuchtturmwärter. Er war der Letzte seiner Zunft, bevor die Türme automatisiert und »entmannt« wurden.

▸▾ Visite: ein Wartungstechniker in der Kuppel des Leuchtturms von Fair Isle, der lange Jahre der Arbeitsplatz von Angus Hutchinson war.

▸▸ Heimleuchter: Der schlanke weiße Turm erhebt sich an der Südspitze von Fair Isle. Das Leben seiner Wärter war geprägt vom Wechsel aus monotoner Routine und furchteinflößenden Stürmen.

Aber viele Häuser am Straßenrand verfallen, die Landwirtschaft siecht, die Viehzahlen gehen stetig zurück, die Beschäftigungsperspektiven sind trostlos.

Doch neuerdings keimt neue Hoffnung, und es ist wieder das Meer, das sie nährt. Gleich zwei Pilotanlagen für Wellenkraftwerke werden vor der Küste getestet – »Green Energy Out Of The Blue« lautet das Motto von Aquamarine Power, des einen Betreibers. Ihr Chefingenieur heißt Matthias Haag, ein Deutscher, 40 Jahre alt. Er hat in Deutschland und England Maschinenbau studiert, dann Offshore-Windparks für Shell entwickelt und ist seit 2008 damit beschäftigt, die Gewalt der Atlantikwellen zu domestizieren und »wave power« in elektrische Energie zu verwandeln. Er pendelt zwischen seinem Büro in Edinburgh und der Versuchsanlage auf Orkney und strahlt überall große Zuversicht aus. Mit elf Millionen Pfund sind gerade neue Investoren in die Company eingestiegen, vier Millionen liegen jetzt bereit, um mit den Erfahrungen der ersten Pilotanlage die zweite Generation des Modells »Oyster« zu entwickeln: eine Maschine, die einen halben Kilometer vor der Küste auf zehn

Meter Wassertiefe versenkt ist und mit einer Art riesiger Klappe, die vom Seegang hin und her bewegt wird, mit hohem Druck Wasser an Land pumpt, das dort eine Turbine antreibt. Ein einfaches Prinzip, aber kompliziert im Detail. Das größte Problem, mit dem die Entwickler kämpfen, sagt Matthias Haag, sei »das schlichte Überleben der Maschine bei Sturm«. Auf ein Windkraftwerk, erläutert er, wirkt beim Sturm das Zehnfache an Last ein, auf seine Wellenmaschine das Hundertfache. Aber auch das Problem bekommen die Techniker immer besser in den Griff, und in absehbarer Zeit, glaubt Haag, könnte ein Zehn-Kilometer-Streifen der Nordküste von Orkney mit den »Oystern« seiner Firma bestückt werden – und von da aus einen Siegeszug um die Welt antreten. Es gibt viele Küstenregionen in Nord- und Südamerika, in Südafrika, Australien und Neuseeland, die sich für den Einsatz von Wellenkraftwerken eignen.

Und Stromness, so die Hoffnung, könnte aus seinem Dornröschenschlaf wieder zu neuem Leben erweckt werden – wie früher: durch das Meer.

Fair Isle

Fair Isle, der kleine Krümel Land zwischen den Orkney- und den Shetlandinseln, hat keinen Hafen. Nur eine kurze Pier in einer Bucht, die zur See hin durch eine Steinschüttung notdürftig geschützt ist. Als wir an der Pier festmachen, wundern wir uns über die große Slipanlage daneben. Wir begreifen sie, nachdem die GOOD SHEPHERD IV eingelaufen ist, der kleine, aber robuste himmelblaue Zwitter aus Fähre und Cargoschiff, der die Insel mit Lerwick auf Shetland verbindet. Da sich das Wetter so schnell ändern kann und die Bucht vor allem bei Nordwind als unsicher gilt, wird das Schiff nach jedem Einsatz vorsichtshalber aus dem Wasser gezogen und bis zur nächsten Fahrt in einer Felsennische geparkt.

Fair Isle, gut sechs Kilometer lang, keine drei Kilometer breit, acht Quadratkilometer groß, ist die abgelegenste besiedelte Insel Britanniens. Exakt 69 Menschen wohnen hier. Die haben gut zu tun, es gibt Landwirtschaft, Kartoffeläcker und Haferfelder, auch ein paar Kühe sowie viele Schafe und eine besondere traditionelle Technik, ihre Wolle zu verarbeiten; es gibt auch ein reges Gemeinschaftsleben mit Livemusik, Tanzabenden und dem traditionellen Brauch, in der Silvesternacht maskiert von Haus zu Haus zu ziehen, Sketche aufzuführen und zu feiern. Allein ist keiner auf der einsamen Insel, jeder hat mehrere Jobs, die einen kümmern sich um Kartoffeln und die Flugpiste, andere um Schafe und einen der beiden Leuchttürme oder sie bieten Bed and Breakfast an und stricken Pullover. Die Abwanderungstendenz geht gegen null.

Fair Isle erinnert an eine Puppenstube, ein Lummerland des Atlantiks, einen Mikrokosmos der großen Welt, in dem es fast alles gibt, aber in verkleinerter Form: eine kleine Schule, eine kleine Kirche, einen kleinen Kramladen, einen kleinen Flugplatz und einen kleinen, aber besonders schön gelegenen Friedhof mit spektakulärem Blick auf Leuchtturm und Meer; wenn schon tot sein, denkt man, dann hier.

▲ Eingeparkt wird vorwärts. Zwischen ihren Fahrten wird die Fähre von Fair Isle vorsichtshalber per Slip im Schutz einer Felsnische eingestellt.

◀ Pause oder Ende einer Dienstfahrt? Der urtümliche Trecker weist darauf hin, dass die landwirtschaftlichen Flächen im Inneren von Fair Isle erstaunlich ertragreich sind.

◀◀ Schutzmauern gegen die See. Die hohen Klippen rund um Fair Isle schützen das Innere der Insel und bieten den Seevögeln ein weites Refugium.

▶ Glasklar. An einem der seltenen windstillen Tage, an denen die See spiegelglatt wird, gewinnt der Atlantik eine ungewohnte Transparenz.

▲ Fair Isle hat nur 69 Bewohner. Sie leben in weit verstreuten Gehöften. So etwas wie ein Dorf gibt es gar nicht.

◀ Die liebliche Stimmung täuscht. Das Wetter beschert der Insel mehr Nebel, Sturm und Regen als blauen Himmel und Sonnenschein.

▶ Rolling home. Die DAGMAR AAEN verlässt den kleinen Hafen von Fair Isle und bricht auf zur letzten Etappe. Next Stop: Hamburg.

▶▶ Schroff ist ein Riff und schnell geht ein Schiff zugrunde. Deswegen wird die Schifffahrt vor der gefährlichen Nordspitze von Fair Isle nicht nur von einem weit tragenden Leuchtfeuer, sondern auch einem kolossalen Nebelhorn (rechts auf der Klippe) gewarnt.

Es gibt keinen Polizisten, aber ein großes, gerade neu errichtetes und erweitertes Vogelobservatorium mit angeschlossener Lodge und Halbpension. Für Vögel nämlich ist die abgelegene Insel eine Art Luftdrehkreuz. Seevögel nisten in den unzugänglichen, hohen Klippen, Zugvögel rasten auf Weiden und Äckern. Im Frühjahr kann man auf Fair Isle bis zu 140 verschiedene Vogelarten beobachten, ein Arkadien für »Birdwatcher«, die auf der Insel »Twitcher« genannt werden; im Gefolge von Stelzen und Schwirlen fallen sie zahlreich mit Feldstechern und großkalibrigen Teleobjektiven auf der kontrastreichen Insel ein, durchstreifen sie emsig und haken auf der mitgeführten Liste akribisch jede Vogelart ab, die sie identifiziert haben.

Bei näherem Hinsehen erweist sich die Isoliertheit der Insel auch für Menschen als Täuschung. Die ersten Siedler fanden sie schon in der Jungsteinzeit, und spätestens für die Wikinger wurde Frioar-Oy zu einer wichtigen Station auf ihrem Weg nach Irland oder nach Island und Grönland. Der Inselsprache ist der Einfluss des Nordischen heute noch anzumerken. »A Plaece« heißt ein Gedicht der 39-jährigen Inselpoetin Lise Sinclair, eine Huldigung der Vielfalt ihrer Heimat:

Hit geens doon /
deeper aes de litht fae da sun /
hedds life wi-oot air ur care /
an rakes /
ferdar aes da herd grund, safter /
nivver sindry til ageen it meets.

Norwegen ist nah, auch die Shetlandinseln sind nur ein paar Stunden entfernt, dahinter ginge es weiter zu den Faröern, und dann kommt schon Island und nicht weit dahinter Grönland. Der Atlantik hier oben ist nicht die trennende Wasserwüste, welche die Matrosen von Christoph Kolumbus erschauern ließ. Er verbindet.

Zu den glücklichen Einwohnern von Fair Isle zählt auch Deryk Shaw, der 43-jährige Ornithologe und Leiter der Vogelwarte. »I've been a birder all my life (Thanks Dad!)«, so beschreibt er sich selbst. Vor zwölf Jahren kam er mit seiner Frau Hollie auf die Insel, er beringte die Vögel, sie betreute die Gäste, nur einmal im Jahr machten sie vier Wochen Urlaub, um über

Weihnachten Verwandte zu besuchen. Jetzt geben sie die Leitung des Observatoriums und der Lodge ab, aber beide haben beschlossen, auf Fair Isle zu bleiben. Deryk wird auf der Fähre mitarbeiten und auf dem Flugplatz, er gehört der Feuerwehr an, und er wird weiter Vögel beobachten und beringen und sein ornithologisches Tagebuch im Internet führen – Inselmonotonie kommt da nicht auf.

Ein ideales Leben, das vor ihm liegt? Vielleicht. Aber kein sorgenfreies Leben. Besorgt ist Deryk über die Zahlen seiner letzten Vogelzählungen. Die Bestände mancher Arten haben sich in den letzten fünf Jahren halbiert. Besonders betroffen ist der Liebling aller Kinder, der schwarzweißgesichtige, buntschnablige Papageitaucher. Aber auch der Tordalk ist stark dezimiert und die Trottellumme – »nicht eine einzige haben wir dieses Jahr beringen können«, sagt Shaw.

Es sind die Vogelarten, die bei der Aufzucht ihrer Brut besonders auf Sandaale angewiesen sind. Obwohl der Fang der kleinen Fische, die sich bei Gefahr im Sandboden verstecken, in Großbritannien schon seit 20 Jahren verboten ist, wird das Futter für die Jungvögel immer knapper. Offensichtlich habe sich das Nahrungsangebot drastisch verändert, sagt Deryk Shaw, und deshalb fehle es den Elterntieren an Kraft und den Jungvögeln an Versorgung. Die Ursache vermuten er und andere Experten in der Erwärmung des Ozeans um ein bis zwei Grad während der vergangenen 25 Jahre. Diese Erwärmung führte zu einer Veränderung und Verlagerung der Planktongürtel, durch die den Sandaalen und am Ende den Seevögeln das Futter fehlt.

Wie beim arktischen Eis und beim Kabeljau sind die tatsächlichen Wirkungszusammenhänge im Meer faktorenreicher und komplexer, als die Theorien der Wissenschaftler zunächst vermuteten. »Seevögel«, sagt Doug Gilbert, ein Kollege von Deryk Shaw bei der britischen Vogelschutzorganisation RSPB, »sind wie Kanarienvögel in einer Kohlenmine. Sie zeigen, wie es um die Meere bestellt ist.«

»Das Meer«, schrieb kürzlich der Klimaforscher Mojib Latif, »akkumuliert unsere Sünden und ändert sich langsam, kaum wahrnehmbar. Es ändert sich seine Temperatur, sein Salzgehalt, seine chemischen und biologischen Eigenschaften. Es ändern sich ganze Ökosysteme. Und es ändert sich höchstwahrscheinlich sehr vieles, von dem wir noch nicht wissen.«

Die Crew 2010

Arved Fuchs
Upernavik bis Hamburg

Brent Boddy
Upernavik bis Transatlantik

Brigitte Ellerbrock
Kanada

Kathrin Fleischer
Europa

Peter Fleischer
Upernavik bis Hamburg

Rolf-Dieter Fröhling
Transatlantik

Raimer Fuhlendorf
Upernavik bis Transatlantik

Torsten Heller
Kanada bis Hamburg

Hans Joachim Karpus
Upernavik bis Transatlantik

Raimund Koch
Europa

Steffen Lembke
Europa

Peter Sandmeyer
Europa

Folker Schultheiss
Upernavik bis Kanada

Beke Tietz
Transatlantik

Ulrich Weih
Upernavik bis Hamburg

Volker Wenzel
Transatlantik

YAMAHA